돈, 일하게 하라

당신도 행복한 투자자가 될 수 있다

돈, 일하게 하라

주식농부 박영옥 지음

죽을 때까지
돈 걱정을 할 것인가?

지금의 20~30대 청춘남녀가 노년층이 되었을 때는 100세 넘긴 사람들을 심심찮게 만나게 될 것이다. 지금 이 책을 읽고 있는 독자 여러분 중에서도 형들이 자꾸 심부름을 시킨다며 투덜거리는 90세 노인이 나오지 말란 법이 없다. 2014년 세계보건기구가 발표한 한국인의 평균 기대수명인 81세를 기준으로 잡는다 해도, 돈 걱정에 시달리며 보내기에 인생은 너무 길다. 돈 걱정은 하루 1시간도 길다.

어린 시절의 기억 속으로 돌아가보자. 예닐곱 살이면 적당하겠다. 십중팔구는 장난감을 사달라며 길거리에서 떼를 써본 기억이 있을 것이다. 아예 길바닥에 드러눕지는 않았는가. (어머니에게 물어보면 생생한 목격담을 들을 수 있을 것이다.) 장난감은 인파가 붐비는 곳에서 어머니를 곤란하게 만들기에 충분한 목표물이었다. 교육적 차원에서 장난감을 사주지 않은 부모는 거의 없을 거라고 생각한다. 금방 싫증 낼 거다, 비슷한 게 집에도 있다 등 합리적인 이유가 있었겠지만, 결정적인 이유는 어머니의 지갑이 가벼웠기 때문이다. 이제 나이를 먹을 만큼 먹었으니 당시 어머니의 마음이 얼마나 아팠을지 헤아려볼 때도 되었다.

　나도 비슷한 경험이 있다. 여섯 살 때 아버지가 몸져누우면서 속도감 있게 가난해지기 시작했다. 일곱 살 때 아버지가 돌아가셨고 빤한 살림살이의 시골집들 중에서도 가장 가난한 집안이 되었다. 지게를 지고 3km가 넘는 거리를 걸어 땔감을 해왔고, 방학 때는 광산에서 아르바이트를 했다. 6학년 때 담임 선생님께서 첫 번째 중학교 등록금을 대주지 않았다면 초등학교가 최종 학력이 될 뻔했다. 중학교를 졸업하고서는 3년여 동안 섬유가공 공장에서 일했다. 그 후에는 시외버스터미널에서 신문을 팔기도 했다.

　오해 없기를 바란다. 여러분이 장난감 사달라고 길바닥에 드러눕던 나이에 나는 광산에서 아르바이트를 했다, 말이 입시지옥이지 공부만 하는 게 뭐 어려운가, 나는 12시간 동안 화공약품에 절어 머리가 아픈 와중에도 검정고시를 준비했다, 따위의 말을 하려는 게 아니다. 지나온 세월이 다르면 경험도 다르다. 당시 내가 했던 고생 역시 또래들 사이에서는 그렇게 특별한 것도 아니었다. 룰루랄라 콧노래 부르면서 지게를 진 것은 아니지만 원망하지도 않았다. 그러려니 받아들였다. 이런 긍정적인 태도가 나의 가장 강력한 특기라면 특기다.

상당히 다른 경험인 듯 보이지만 가지지 못한 장난감과 지게의 사례에는 한 가지 공통점이 있다. 바로 '가난의 경험'이다. '젊어서 고생은 사서도 한다'라는 말이 있으니, 가난한 부모의 자식으로 태어난 것이 오히려 잘된 일일까?

나는 경험을 두 가지로 분류한다. 첫째는 배낭여행처럼 사서 하는 고생, 즉 스스로 선택한 경험이다. 이런 경험은 많이 하면 할수록 인생의 풍성한 자산이 된다. 고생을 많이 했음에도 누가 즐거운 추억을 말해보라고 하면 그 기억을 먼저 떠올린다.

두 번째는 가난처럼 불가피한 경험이다. 아역 배우가 되지 않는 한 나이가 들 때까지는 돈을 벌 수 없다. 가난한 부모의 자식으로 태어났다면 어쩔 수 없이 장난감 소유에 대한 좌절을 수시로 겪어야 한다. 뛰어난 개인 강사에게서 부족한 교과목을 보충 받지도 못한다. 장기간 막대한 비용이 소요되는 진로는 선택하기 어렵다. 그냥 한번 해보고 싶다는 이유만으로는 바이올린을 배우지 못한다. 가난은 하고 싶지 않은 경험을 강요하고, 하고 싶은 경험을 금지한다.

내 이야기를 조금 더 하자면, 고생의 연속이었던 나의 삶은 대학 입학 이후에 비교적 순탄해졌다. 위기는 증권사에 다니던 1997년 찾아왔다. '외환위기와 주가 폭락'. 레버리지를 무리하게 써서 빠진 곤경이 아니었다. 내 권유를 받고 투자한 고객들의 손실을 나 몰라라 할 수 없어서 고객들의 손실을 보전해주었다. 당시 나는 어머니와 한 집에서 살고 있었다. 나름 효도한다고, 평생 살던 곳을 떠나 낯선 서울로 오신 어머니께 작은 위안을 드리기 위해 사드린 집이었는데 고객의 손실을 보전해주기 위해 그 집을 팔아야 했다. 그리고 잠시 누나 집에 얹혀살다가 사글세로 옮겼다. 딱 그 정도의 돈밖에 남아 있지 않았다.

사글세로 옮긴 것보다 어머니의 집을 판 것이 더 마음 아팠다. 그런데 나는 지금, 그 마음 아팠던 이야기를 슬퍼하지 않으면서 말한다. 그리고 만약 내가 외환위기 이후 그대로 주저앉았다면 어땠을지 생각해본다. 사글세를 전전하다가 번번이 투자에 실패해 여전히 어린 시절처럼 가난하다면 어떨까? 내 아이가 친구들은 다 가지고 있다는 장난감을 사달라며 길거리에서 뒹굴어도 사주지 못하는 처지라면 어떨까? 어머니가 당신은 괜찮으니 걱정하지 말라며 한숨을 쉬신다면 어떨까?

만일 그랬다면 어머니의 집을 빼앗은 일은 다시는 떠올리고 싶지 않은 기억이 되었을 것이다. 그뿐만이 아니다. 어린 시절의 고생은 내 인생에 걸린 저주의 시작처럼 여겨졌을 것이다. 왜 나는 부잣집 아들로 태어나지 못한 것이냐며, 말도 안 되는 원망을 하며 살았을지도 모른다.

과거는 끊임없이 재해석된다. 재해석의 기준은 현재다. 현재 성공한 상태라면 과거의 고생은 빛나는 훈장으로 해석되지만, 고생스럽던 과거와 크게 달라진 것이 없다면 그것은 지긋지긋한 불행으로 해석되기 십상이다.

지게를 지고, 광산에서 아르바이트를 하고, 돈이 없어 어머니의 집까지 팔았던 나는 현재 1500억 원 이상의 자산을 보유하고 있다. 그 방법은 물론 주식투자다. 여러분은 이 책에서 주식투자를 통해 부자가 되라는 나의 제안을 받게 될 것이다. 또한 여러분이 주위에서 보고 듣고 알고 있던 주식투자의 개념이 완전히 잘못된 것임을 알게 될 것이다. 올바른 방법으로 투자한다면 부자가 되는 것은 물론, 여유롭고 행복한 투자자가 될 수 있다는 사실도 알게 될 것이다. 여러분과 여러분의 부모님이 성실하게 일하고 아끼며 살고 있는데도 왜 부자가 되지 못하는지도 알게 될 것이다.

이 책을 끝까지 읽든 프롤로그만 읽고 던져버리든, 나는 여러분이 이 책에 관심을 가진다는 것 자체가 다행스러운 일이라고 생각한다. 아직 부자가 되려는 의지를 버리지 않았고 마음만 먹으면 투자를 위한 종잣돈을 마련할 수 있다는 뜻이기 때문이다. 지금 부자가 아닌 것은 어쩔 수 없다. 과거는 재해석될 수 있을 뿐 바뀌지는 않는다. 중요한 것은 '가난에서 비롯한 불가피한 고생을 지금으로부터 10년 후에 어떻게 해석하게 될 것인가'이다. 여러분은 10년 후에 어떻게 되기를 바라는가. 가장 끔찍한 일은 10년 후에도 이 책과 비슷한 내용의 책에 관심을 갖는 것이다. 더더욱 끔찍한 일은 20년 후에도 별다른 변화가 없는 것, 20년 전에 무엇이든 했어야 한다고 후회하는 것이다.

지금 이 순간부터 돈 걱정은 집어치워라. 부자들은 부자가 되기 전에도 돈 걱정은 하지 않았다. 가난한 사람들이 돈 걱정을 할 때 부자들은 돈 생각을 했다. 너무나 많은 사람들이 부자가 되려는 의지는 잃어버린 채 부자가 되려는 욕망만 가지고 살고 있다. 욕망만 가진 사람들은 요행수를 바라면서 불평으로 인생을 허비하지만, 의지를 가진 사람들은 방법을 찾고 행동으로 옮긴다. 행동을 동반하지 않는 욕망은 불행 그 자체다. 건강한 몸을 원하면 운동이라는 행동을 해야 하듯이, 부자가 되려면 이를 위한 행동을 해야 한다. 이것이 '걱정'과 '생각'의 차이다.

돈 생각을 하지 않으면 평생 돈 걱정에서 벗어나지 못한다. 나는 여러분이 돈 걱정에서 벗어나 돈 생각을 하길 바란다. 그리고 돈으로부터 자유를 얻길 바란다.

주식농부 박영옥

2장 게으른 돈의 엉덩이를 걷어차라

3장 주식농부의 농심투자

6장 수익률을 높이는 투자 비법

1장

부 자 를
선 택 하 라

Choose a life being rich.

현재의 삶이 미래를 바꾼다

은수저를 물고 태어나는 사람이 있는가 하면, 돈 걱정이 떠날 날 없는 집안에서 태어나는 사람도 있다. 장난감 보유 개수에서부터 교육 환경까지, 두 사람의 성장 과정은 엄청난 차이가 난다. 누가 말해주지 않아도 입음새에서부터 '있는 집 자식'과 '없는 집 자식'은 구별된다. 철모르는 아이들도 본능적으로 그 사실을 안다.

두 사람의 가정사에 특별한 일이 발생하지 않는 한 30대가 되어도 상황은 크게 변하지 않는다. 한 사람은 부모님이 마련해준 몇억짜리 아파트에서 신혼살림을 시작할 것이고, 또 한 사람은 월세에서 시작할 공산이 크다. 그런데 30대가 되면 두 사람을 설명하는 말이 바뀐다. 은수저를 물고 태어난 사람은 20대가 되기까지 '있는 집 자식'이었고 그 반대편은 '가난한 집 자식'이었지만, 30대가 되면 조금 달라진다.

"그 친구 부자야."

"그 친구 가난해."

여기에 부연설명이 따라붙을 수는 있다. 부자인데 부모가 집을 해줬다든가, 가난한데 워낙 없이 시작해서 그렇다든가. 그러나 부연설명이 붙는 것도 30대까지다. 40대가 되면 더 이상 변명의 여지가 없다. 아이였을 때는 자기가 태어나게 해달라고 빈 것도 아니고 부모를 선택한 것도 아니므로 가난에 대한 책임이 없다. 그냥 그 집에 태어났을 뿐이다. 그러나 시간이 지날수록 책임의 양은 서서히 늘어나고, 40대가 되면 온전히 자신의 책임이 된다.

핑계를 대자면 얼마든지 댈 수 있다. 부잣집 아이처럼 엄마가 곁에서 돌봐주지 않았고 학원도 충분히 다니지 못했다, 대학 때는 아르바이트를 하느라 학업에 전념할 수 없었다, 매달 나가는 월세만 모았어도 상당한 액수의 돈을 모을 수 있었다, 기본적으로 출발이 달랐다, 이놈의 세상이 불공평하다 등……. 이 모든 변명은 일리가 있다. 하지만 일리 있는 변명이 인생을 책임져주진 않는다. 가난하다는 사실 역시 변하지 않는다. 여러분의 자녀가 가난한 집의 자식이 될 거라는 사실도 그대로다.

가난한 집에서 태어난 사람들을 약 올리기 위해 하는 말이 아니다. 선택을 해야 하는 시기라는 것을 말하고 싶을 뿐이다. '어떻게든 되겠지'라는 태도로 일리 있는 변명을 하면서 살아갈 것인지(절대로 '어떻게' 안 된다), 아니면 부자가 되기를 선택하든지 결정을 내려야 한다.

부자가 되고 싶으냐는 질문에 "아니오"라고 답하는 사람은 만나본 적이 없다. 각자 원하는 자산의 규모는 다르지만 절대다수의 사람들이 부자가 되고 싶다고 말한다. 하지만 그들 중 부자가 되는 삶을 선택한 사람은 그리 많지 않다. 그저 막연하게 부자가 되면 참 좋겠다고 생각하는 사람이 대부분이다. 가난한 것은 싫지만 부자가 되기 위한 노력 역시 하고 싶지 않은 것이다. 좋은 성적을 받고 싶지만 공부는 하기 싫고, 목은 마르지만 냉장고까지 걸어가기는 싫은 것과 다르지 않다.

물론 나중에 어떻게 되든 지금 당장 있는 대로 소비하며 사는 삶을 선택할 수도 있다. 스스로 선택한 것이라면, 나이가 들어서 고생할 각오를 진심으로 했다면 그것도 삶의 한 방식이다. 그 생각에 동의하지 않지만 인정할 수는 있다. 또 자신의 능력으로, 또는 부모의 재력으로 얼마든지 부유하게 살 수 있는데도 가난한 생활을 선택하는 사람들이 있다. 그들은 많이 가지는 삶 대신, 조금 불편하더라도 다른 만족을 얻을 수 있는 삶을 선택한다. 삶의 방식을 적극적으로 선택함으로써 자신의 인생에 책임을 지기로 결정한 것이기에 그들의 결정도 존중받아 마땅하다. 현재 가진 것에 만족한다는 의미에서 보면 그들 역시 부자다.

문제는 어영부영 시간에 떠밀려가는 경우다. 부모와 세상을 원망하면서, 운이 없음을 탓하면서 온갖 변명을 끌어대는 것이다. 스무 살만 되어도 가난한 부모를 가진 사람이 더 많다는 것을 안다. 세상이 불공평한 줄도 알고, 대부분 운이 없는 줄도 안다. 그러나 많은 사람들이 그런 줄은 알면서도 그것을 이겨낼 방법은 찾지 않는다.

컵은 어떤 선택도 하지 않는다. 컵을 책상 위에 놓아두면 누군가 옮기기 전까진 그 자리에 그대로 있다. 누군가 책상에서 떨어뜨리려고 할 때 안간힘을 다해 매달리지도 않는다. 그냥 힘을 가하면 가하는 대로 밀려서 떨어진다. 컵은 말한다.

"깨진 건 내 잘못이 아니야. 나는 아무것도 하지 않았어. 누군가 나를 떨어뜨렸어."

"내가 가난한 건 내 잘못이 아니야. 내가 할 수 있는 건 없었어. 내 부모가 가난했고 세상이 잘못됐어."

자기 삶의 주인이 된다는 것은 주변 상황을 탓하며 핑계대지 않는 것이다. 열악한 상황임에도 불구하고 원하는 삶을 향해 나아가는 사람, 그 삶을 선택하는 사람이 주인이다. 상황 탓을 하며 어쩔 수 없었다고 변명하는 건 결정권을 자기 자신이 아닌 상황에 넘겨주는 행위에 다름 아니다.

부자가 되기로 마음먹지 않고도 부자가 될 가능성은 무심코 바늘을 던졌는데 절묘하게 무게 중심이 맞아서 똑바로 서는 것만큼이나 낮다. 물론 부자가 되는 삶을 선택한다고 해서 모두 부자가 되는 것은 아니다. 실패하는 사람도 없지 않다. (세상사 마음먹은 대로 다 된다면 이미 세상은 멸망해버렸을지도 모른다.) 그러나 부자가 되는 삶을 선택하지도 않고 부자가 되는 방법은 그야말로 횡재하는 것밖에 없다. 능동적인 변화를 이끌어내려면 적극적인 선택은 필수다.

●
현실을 인정하고 대책을 세워라

당장 내일 무슨 일이 일어날지 모르는 것이 사람의 일이라고 한다. 지구에 사는 모든 인간은 갑작스런 불상사를 피해갈 재간이 없다. 교통사고, 화재, 강도 등 지금 이 순간에도 어디에선가 벌어지고 있는 불상사가 나와 내 가족만 피해가리라는 보장은 어디에도 없다. 그래도 우리는 큰 불안을 느끼지 않고 살아간다. 확률적으로 그럴 가능성이 매우 낮기 때문이다.

그렇다면 먼 미래의 일은 어떨까. 현재 여러분의 나이에 30년을 더해보자. 2044년에 여러분은 몇 세인가? 자신의 나이뿐만 아니라 가족들의 나이까지 계산해보면, 특히 현재 10세 정도 된 아이가 몇 세가 되는지 따져보면 시간의 흐름을 체감하기가 더욱 수월해진다. 현재 35세인 사람은 65세가 되고, 10세인 아이는 40세 중년이 되어 있을 것이다. 평균 기대수명을 감안하면 두 사람 다 생존해 있을 가능성이 높다. 하지만 여러분은 생명에 지장은 없더라도 여기저기 아픈 곳이 생길 것이다.

지금까지 살아왔던 대로 살아간다면 그때 자산은 얼마일까? 일은 하고 있을까? 특별히 비관적인 성향이 아닌 한 자신의 미래에 대해서는 어느 정도 장밋빛 전망을 섞어 넣는다. 좀 더 객관적으로 보려면 지금 다니는 직장의 상사들 모습을 참고하는 것이 좋다.

연습 삼아 가볍게 10년만 시간여행을 해보자. 지금 35세라면 45세가 된다. 현재 45세쯤 되는 직장 상사의 연봉과 자산은 얼마인지 알아보자. 그리고 그들이 술자리에서 무슨 고민을 했는지 떠올려보라. 사적인 관계가 형성되었다면 자식 걱정, 돈 걱정, 명퇴 걱정, 그리고 마누라 험담이 주종을 이뤘을 것이다. 이 모든 이야기들은 '돈'에서 시작해 '돈이 없어서'라는 결론으로 수렴한다.

다시 10년을 더 가보자. 55세면 임원급이다. 그 사람이 연줄을 이용하지 않고 공채로 들어왔다면 얼마의 경쟁률을 뚫고 거기까지 올라간 것일지 생각해보라. 맞대면은 어려울 테니 주위에서 정보를 수집해보자. 연봉, 자산 상태, 요즘의 고민, 하루 일과 등……. 65세가 되어서도 그 회사에서 일할 확률은 너무 낮으므로 굳이 계산하지 않아도 될 것 같다.

직장 상사를 통해 예측해본 미래가 마음에 드는가? 여러분과 비슷한 상태에서 시작한 선배들의 자산 상태가 여러분이 만족하는 수준 이상이라면 지금까지 걸어왔던 대로, 선배들을 따라서 그대로 가면 된다.

근검절약만으로 목표로 하는 자산을 모을 수 있다면 참 좋은 일이다. 하지만 그게 아니라면? 배를 타고 강을 따라 내려가는데 폭포 소리가 들린다면? 키를 돌려야 한다. 강기슭으로 가서 다른

근검절약만으로 목표로 하는 자산을 모을 수 있다면
참 좋은 일이다. 하지만 그게 아니라면?
지금 당장 다른 방법을 찾아야 한다.
60세가 넘어서도 돈에 아등바등하며 살고 싶지 않다면,
돈의 속박에서 자유로워지고 싶다면
적극적인 대책을 세우고 실행에 옮겨야 한다.

길을 찾아야 한다. 물론 처음에는 배를 타고 가는 것보다 훨씬 힘들 것이다. 위험해 보이기도 하고 낯선 길이라 두렵기도 할 것이다. 하지만 그렇다고 해서 추락할 것이 빤한 길로 계속 갈 수는 없는 일이다.

많은 직장인들이 '어떻게든 되겠지'라며 폭포 소리를 애써 무시한다. 같은 대열에 수많은 '동료'들이 있다는 사실에 위안을 받기도 한다. 그러다 앞서 가던 배들이 하나둘씩 시야에서 사라지면 불안해한다. 이제 겨우 마흔을 갓 넘긴 선배가 떠밀리듯 회사를 그만둘 때, 제대로 눈을 맞추지도 못했던 임원이 회사를 그만둔 뒤 추레한 모습으로 나타날 때, 퇴직금을 털고 대출까지 받아 개업한 선배의 식당에 다녀온 지 1년도 되지 않았는데 문을 닫았다는 소식을 들었을 때다. 그러면 같은 대열에 있는 동료들과 '따뜻한 바보 놀이'를 한다.

'사장 친척이 아니니 임원이 되어도 오래 버티기 힘들고, 창업을

해도 성공할 확률은 낮다고 하니 겁나고. 이럴 줄 알았으면 고등학교 때 공부를 더 열심히 할 걸 그랬어. 물려받은 재산도 없는 놈이 돈도 안 되는 걸 배워서는……. 그래도 뭐, 어떻게든 되겠지.'

누군가 이런 한탄을 하면 따뜻한 위로와 공감을 하면서 함께 폭포 끝으로 떠내려가는 것이다. 현실을 부정하고 자신을 속이는 거짓말들이다. 답도 안 나오는 직장, 당장 때려치우라고 말하는 게 아니다. 자신의 능력을 마음껏 펼칠 수 있는, 그만큼 대접해주는 곳이 있다면 직장을 옮기는 것도 나쁘지 않다. 그러나 답이 없는 줄 알면서도 그냥 주저앉아 있어서는 안 된다. 대책을 세우고 실행에 옮겨야 한다.

이 부분 역시 선택의 문제다. 근검절약해서 모을 수 있는 돈으로 여생을 살겠다면(요즘 같은 시대에 그게 가능할지 의문이지만) 그것 역시 선택이다. 그런 사람은 원하지는 않지만 어쩔 수 없으니까, 최소한의 생활을 하면서 살 수 있는 방법을 강구한다. 최소한의 생활, 즉 가난한 생활을 60세부터 시작해 짧으면 20년, 길면 40년 동안 하고 싶지 않다면? 60세가 넘어서도 돈에 아등바등하며 살고 싶지 않다면? 시간이 지날수록 돈의 속박에서, 가난의 굴레에서 자유로워지고 싶다면? 지금 당장 다른 방법을 찾아야 한다. 지금 이 순간에도 여러분은 60세에 가까워지고 있다.

가난이라는 만성피로

1997년 외환위기를 흔히 '국가 부도' 사태라고 말한다. 나라가 망했다고도 했고, '아시아의 용이 지렁이가 되었다'라는 말도 나왔다. 틀린 말은 아니지만 국가 부도라는 말만으로는 잘 보이지 않는 비극도 있었다. 수많은 가정의 경제 파탄이 바로 그것이다. 경위는 조금 다르지만 나도 그때 가정경제의 파탄을 경험했다. 혹독한 겨울을 지나 지금은 평화를 찾은 가정도 많지만 국가 경제와 함께 가정 자체가 파탄 나버린 경우도 많다. 경제 문제로 인한 이혼율이 급증한 것이다.

남편이 직장을 잃었다고 그 다음 날 바로 이혼 서류를 내미는 아내가 있겠는가. 먹고살기 힘들어졌다고 당장 아내를 버리는 남편이 있겠는가. 처음에는 누구나 함께 힘을 내서 살아보자며, 지금은 힘들지만 시간이 지나면 좋아질 거라며 손을 맞잡았을 것이다. 그러나 상황은 나아지지 않았다. 몸이 피곤하거나 아프면 평소엔 그냥 넘겼을 일에도 짜증이 나는 것처럼, 나아질 기미가 보이지 않는 경제 상황은 사람을 지치게 만든다. 예전에는 웃고 말았던 배우자의 사소한 실수에도 쉽게 화를 내고, 급기야 부부싸움으로 번진다. 삶에 대한 누적된 불만과 불안은 애꿎은 배우자를 향해 발톱을 세운다. 많은 가정이 이런 과정을 거쳐 이혼에 이르렀을 것이라고 짐작한다.

서로 사랑한다면 경제적인 위기 따위는 얼마든지 이겨낼 수 있다고, 돈 때문이 아니라 서로 사랑하지 않았기 때문에 생긴 일이라고 말하지는 말자. 그런 환경을 이기고 다시 성공한 사람들도 있다고 말하지 말자. 뉴스가 될 만큼 특별한 경우일 뿐이다. 만성피로가 면역력을 약화시켜 병을 일으키듯이 경제적인 피로감도 만성이 되면 가정에 질병을 일으킨다.

행복은 마음먹기에 달려 있다고들 하지만 정말 그런지 의심스럽다. 물론 마음을 정말 잘 먹으면 평생 빠듯한 돈으로 살면서도 행복할 수 있다. 그런 사람이라면 나는 충분히 존경의 마음을 표할 용의가 있다. 그러나 나를 포함한 대부분의 사람은 그와 같은 마음을 먹기가 어렵다. 어지간해서는 도달하기 어려운 경지다. 설사 자기 혼자 그런 마음을 먹는 데 성공한다 하더라도 부모, 형제, 아내, 자식 등 사랑하는 사람 앞에 서면 다시 원점으로 돌아간다. 난방비를 아끼느라 입김이 나는 방에서 겨울을 보내는 부모 앞에서, 쇼윈도에 진열된 옷을 보고 또 보다 그냥 돌아서는 아내 앞에서, 부모에게 부담을 줄까 봐 지레 자기 꿈을 포기해버리는 조숙한 자식 앞에서 어떤 마음을 먹으면 가난해도 행복할 수 있을까.

한편으론 이런 생각도 든다. 부자가 되고 싶지만 행동은 하기 싫은 사람들이 '행복은 마음먹기에 달렸다'라는 말을 악용하고 있는 것은 아닌가. 원하는 것을 얻기 위한 결정을 내려야 하지만 지금까지와는 다른 방식으로 살아가는 것이 두렵고 노력도 하기 싫기에 원하는 것의 가치를 평가절하하면서 피해가는 것은 아닌가. 완벽하게 안전하고, 너무나 쉬운 방법으로 부자가 되고 싶은 것은 아닌가. 그러나 그런 방법은 지구에 없다. 공짜로 얻어지는 것은 아무것도 없다.

여러분도 부자가 될 수 있다. 다만 방법을 몰랐을 뿐이다. 여러분은 부자가 되는 방법을 배우는 대신 부자가 될 수 없는 온갖 잘못된 생각만 키워왔다. 그중 하나가 이미 말한 바 있는 '오로지 근검절약 정신'이다. 대한민국에 살면서 근검절약하지 않는 사람이 몇이나 되는가. 여러분의 부모님은 흥청망청 쓰면서 살았는가. 근검절약하지 말라는 게 아니다. 그것만으로는 부족하다는 말이다.

'고작 주식투자를 제안할 거면서 무슨 거창한 방법이나 있는 것처럼 말한다'고 생각할 수 있다. 맞다. 내가 여러분에게 제시하는 부자가 되는 방법은 주식투자다. 자세한 건 몰라도 '주식쯤'은 누구나 안다. 이 책을 읽는 독자 중에는 이미 주식투자를 해서 수익을 내거나 손실을 본 분도 있을 것이다. 그렇다고 해도 너무 성급하게 결론 내리지는 말기 바란다. 조금만 인내심을 가지고 읽다 보면 여러분이 생각하는 주식투자와 내가 생각하는 주식투자가 많이 다르다는 걸 알게 될 것이다.

주식투자란 무엇이고 어떻게 하는 것인지 말하기 전에 가난한 삶에 대한 이야기, 부자에 대한 이야기를 하는 이유는 여러분에게 정말 부자가 되고 싶은 마음이 있는지 스스로 확인할 기회를 주고 싶기 때문이다. 잘못 배운 인생의 교훈 따위가 누르고 있는 부에 대한 욕구를 있는 그대로 이끌어내고 싶기 때문이다. 그러니 마음이 급하더라도 기초 체력을 다진다는 생각으로 천천히 읽어주기를 바란다. 부자가 되고자 한다면 인내심은 기본이다.

오늘보다 더 나은 내일을 만들어라

김소운 작가의 「가난한 날의 행복」이라는 수필을 읽은 적이 있다. 남편은 실직해서 집에 있고 아내가 직장을 다니는 신혼부부의 이야기다. 두 사람은 부족한 살림에도 서로를 위하며 열심히 산다. 그러나 아내의 벌이도 신통치 않았던지 어느 날 쌀이 떨어지고 만다. 아내가 아침을 굶고 출근한 뒤 남편은 우여곡절 끝에 쌀을 구해 와 밥을 한다. 집에 돌아온 아내는 남편 없는 빈 방에 차려져 있는 밥상을 발견한다. 밥상에는 따뜻한 밥 한 그릇과 간장 한 종지, 그리고 남편의 쪽지가 있다.

'왕후의 밥, 걸인의 찬. 이걸로 우선 시장기만 속여 두오.'

쪽지를 읽은 아내는 왕후가 된 것보다 더한 행복감에 젖어 눈물을 흘린다.

이 수필을 읽고 감동을 받긴 했던 것 같은데, 한편으로는 이런 생각이 들어서 찜찜했다.

'내일 밥은 또 어떻게 하지?'

그때는 몰랐는데 지금에 와서 보니 이 글이 수록된 수필집에 답이 있긴 했다. 또 다른 가난한 신혼부부의 이야기에서였다. 남편은 시인이고 아내는 주부다. 하루는 남편이 아침상을 기다리는데 아내가 고구마를 내온다. 아내가 내온 것이니 일단 하나를 먹고, 아내가 더 먹으라고 살갑게 권하자 작은 것을 골라 또 하나를 먹는다. 조금 뒤 밖에 나갈 시간이 돼서 아침밥을 먹자고 하니 아내가 지금 먹고 있는 고구마가 아침밥이라고 말한다. 그제야 남편은 집에 쌀이 떨어졌다는 것을 알게 된다. 남편은 민망하고 당황해서 쌀이 떨어져간다고 미리 말해주지 않은 아내를 탓한다. 그러자 아내가 이렇게 말한다.

"저희 작은아버님이 장관이셔요. 어디를 가면 쌀 한 가마가 없겠어요? 하지만 긴긴 인생에 이런 일도 있어야 늙어서 얘깃거리가 되잖아요."

그렇다. "이런 일도 있어야" 정도로 끝나야 한다. 어디를 가도 쌀 한 가마쯤은 바로 구할 수 있어야 한다. 그렇지 않고 내일도 고구마를 먹어야 한다면 '가난한 날의 불행'일 뿐이다. 늙어서 얘깃거리가 되려면 가난한 기간이 너무 길면 안 된다. 지속되는 가난, 출구 없는 가난이어서는 안 된다. 끼니가 걱정스러운 상태에서, 그리고 그 걱정이 언제 끝날지 모르는 상태에서 느끼는 행복이 뭔지 나는 잘 모르겠다.

일시적이라면 얼마든지 고생을 즐길 수 있다. 사람들은 레저라는 이름으로, 또는 체험이라는 이름으로 돈을 내고 고생을 하러 간다. 귀신을 잡을 것도 아니면서 해병대 체험을 하고, 편안한 침대를 놔두고 굳이 텐트에서 잔다. 노숙과 다를 바 없이 잠을 자는 것에는 비박이라는 이름을 붙인다. 고생할 것임을 알면서도 이런 체험을 하는 이유는 기간이 정해져 있기 때문이다. 그래서 레저고, 체험인 것이다.

우리는 자신의 화려했던 전성기를 침 튀겨가며 이야기하는 사람들을 종종 만난다. 지금은 이렇지만 젊었을 때는 따르는 사람이 많았다, 지금은 이렇지만 한때는 엄청난 돈을 만졌다, 지금은 이렇지만 어렸을 때는 수재라는 소리도 많이 들었다……. 과거를 화려하게 포장할수록 현재는 초라해진다. 한때의 전성기를 즐겨 말하는 사람은 과거에 했던 고생에 대해서는 말하지 않는다. 지금도 그 고생이 이어지고 있으니 그 비참함을 어떻게 감당하겠는가. 또한 그는 미래에 대해서도 말하지 않는다. 미래에도 과거에 했던, 지금도 하고 있는 고생을 해야 한다는 것을 알기 때문이다. 그리고 그들은 무엇보다 현재를 말하지 않는다.

10년 후, 여러분은 어떤 모습일까? 어떤 모습이기를 바라는가? 과거는 지나갔고 미래는 아직 오지 않았다. 우리가 먹고 마시고 사랑하고 즐거움을 느끼는 시간은 오로지 현재뿐이다. 그러므로 현재가 전성기인 삶이 가장 바람직하다. 그러자면 오늘을 내 인생의 전성기로 만들어야 한다. 어제보다 더 나은 오늘을, 오늘보다 더 나은 내일을 살며 전성기를 만들어가야 한다. 물론 아직은 경제적으로 풍요롭지 못하겠지만, 부자가 되는 삶을 선택하고 행동을 시작했다는 것이 중요하다. 지금이 여러분 인생에서 가장 덜 부자인 날이 될 것이다.

돈은 자유의 한계다

정말 보고 싶은 풍경이 있다. 죽기 전에 단 한 번이라도 그 풍경을 직접 보는 게 소원이다. 어린 시절부터 꿈꿔왔지만 그때는 실현 불가능했다. 그런데 이제는 기술이 발전해 소원을 이룰 수 있게 되었다. 여러분이라면 어떻게 하겠는가? 그토록 간절하게 원했던 것이니 당연히 해봐야 한다고 말할 것이다. 그런데 값이 너무 비싸다면? 3시간 동안의 체험을 위해 2억 6000만 원 가량의 돈을 지불해야 한다면 어떻게 하겠는가?

막연한 가정이 아니다. 곧 현실화될 우주여행에 대한 이야기다. 영국의 버진 그룹이 민간 우주공항을 세워 '저렴한' 우주여행 상품을 내놓았다. 이 회사가 만든 우주선은 조종사 외에 6명의 승객이 탑승할 수 있으며, 고도 100km 상공의 우주공간까지 올라간다고 한다. 비행 중 무중력 상태에서 지구를 바라볼 수 있는 시간은 고작 5분. 이 짧은 경험을 위해 내야 하는 돈이 25만 달러, 한화로 약 2억 6000만 원이다. 그런데 이미 수백 명이 예약자 명단에 이름을 올렸다. 저스틴 비버, 안젤리나 졸리와 브래드 피트, 톰 행크스, 스티븐 호킹 등 우리가 아는 이름도 있다. 우주에 전혀 관심이 없는 사람에게 2억 6000만 원짜리 우주여행은 미친 짓이다. 하지만 자기 눈으로 직접 지구가 둥글다는 걸 보고 싶은, 그러나 그럴 만한 돈이 없는 사람에게는 부럽고도 부러운 일이다. 어릴 때부터 꿈꿔왔던 환상적인 경험을 돈 때문에 하지 못하는 사람의 심정은 어떨까.

예약자 명단에 이름을 올린 사람들을 비롯해 할리우드 스타들은 돈이 많다. 미국 경제전문지 〈포브스(Forbes)〉에 따르면, 2012년 6월부터 1년간 가장 많은 출연료를 받은 배우는 영화 〈아이언맨(Iron Man)〉의 주인공 로버트 다우니 주니어로, 840억 원이 넘는 출연료를 받았다. 8위에 오른 톰 크루즈의 출연료도 390억 원이 넘는다. 이들은 윤리적으로, 기술적으로 허락만 되면 못 할 일이 없다. 하느냐, 하지 않느냐는 오로지 원하느냐, 원치 않느냐에 달려 있다.

너무 큰 상대적 박탈감을 안겨주는 것 같아서 미안하지만 이쯤에서 이 질문을 하지 않을 수 없다. 여러분은 어떤가? 여러분에게 어떤 일을 하고 안 하고의 기준은 무엇인가? 물론 일차적인 기준은 원하느냐, 원치 않느냐다. 그 다음 기준은? 99%가 '주머니 사정'일 것이다. 우주여행이라는 극단적인 예를 든 것은 원하는 것을 할 수 있는 자유를 극단적으로 보여주기 위함이다. 나는 애초에 우주여행에 관심이 없어서 이 사례를 보고도 별 감흥을 못 느꼈지만, 관심이 있는 사람이 봤다고 해도 그냥 '좋겠다' 정도의 부러움만 표시하고 지나갔을 것이다. 도저히 꿈도 못 꿀 '사치'이기 때문이다.

또 다른 극단에 있는 경우도 생각해보자. 퇴근하고 돌아가는 길인데 배가 고프다. 그때 정신을 사로잡는 진한 냄새가 났으니, 삼겹살이다. 너무 먹고 싶어서 혼자서도 고기를 구워 먹을 수 있을 것 같은데 수중에 돈이 없다. 신용카드는 이미 한도를 채웠다. 통장에 있는 돈으로는 일주일 후 월급이 나올 때까지 점심을 사 먹어야 한다. 당장 불러내서 삼겹살을 사달라고 할 친구도 없다. 미치도록 먹고 싶지만 참을 것인가, 아니면 삼겹살을 먹고 점심을 굶을 것인가. 이렇게 위급한 경우는 아니라 해도, 그다지 중요하지도 않은 것들이 돈이라는 이름으로 선택을 강요할 때가 있다.

이번에는 우주여행과 삼겹살 사이에 있는 독자들이 경험할 수 있는 상황을 생각해보자. 나로서는 이름도 잘 모르는 명품 백도 좋고, 타기만 해도 주인을 명품으로 만들어줄 것 같은 잘빠진 승용차도 좋다. 명품 백은 생필품이라고 주장하는 여성들도 있는 것으로 안다. 자존심이자 패션의 완성이며 자신에 대한 투자라고 여기기도 한단다. 남자들에게 이와 비슷한 역할을 하는 것이 자동차다. 차가 좋으면 대접이 달라지고 여자들도 한 번 더 쳐다본다고 한다. 나이 서른만 넘어도 소개팅 자리에 가면 어떤 차를 타고 다니는지 묻는다고 한다. 그러니 차를 자존심의 상징으로 보는 것도 무리는 아니다. 새 차에 미세한 흠집만 나도 불같이 화를 내는 것도 이런 이유 때문일 것이다.

일단 욕망이 생기면 수많은 인파 속에서도 그 명품 백만 보이고 수백 대의 차량 행렬 중에서도 그 차만 보인다. 갑자기 그 명품 백과 차의 판매량이 급증한 것은 아닐 텐데도 이상하게 자꾸 눈에 띈다. 이런 물건이 생기면 괴롭다. 어떤 물건을 사고 싶다는 것은 현재의 재정 상태에서는 금지되어 있다는 뜻이다. 금지되지 않았다면 이미 사버렸거나 욕망 자체가 생기지 않았을 수도 있다. 그런데 이 욕망의 지점이 참 오묘하다. 우주여행이라면 전혀 유혹적이지 않은데, 조금 무리하면 해결할 수 있는 욕망은 사람을 더욱 갈등하게 만든다. 몇 달 혹은 몇 년만 고생하면 되는데…….

우주여행, 삼겹살, 명품 백, 자동차를 예로 들었지만 인생 자체를 생각하면 훨씬 가혹하다. 돈은 시시때때로 나의 욕망을 가로막고 자유를 제한하는 장애물이 된다. 돈은 인생의 전부가 아니다. 중요한 일부는 될 수 있어도 전부는 아니다. 하지만 돈이 없어서 삶에 제약이 생기기 시작하면 돈이 인생의 전부가 되어버린다.

하고 싶은 일을 하면서 충분한 돈을 버는 사람은 극소수다. 대부분은 로또에 당첨되면 당장 회사를 그만둘 것이라고 말한다. 즉, 돈을 벌기 위해 일하고 있다는 것이다. 지금은 어쩔 수 없다고 해도 평생 그렇게 살 수는 없다. 우리에게 주어진 시간과 에너지는 한정되어 있다. 평생 생계를 유지하기 위해 시간과 에너지를 써야 한다면 너무 억울하다. '생의 마지막 순간까지 먹고살기 위해 애쓰

다가 죽었음'이라는 묘비명을 가질 수는 없지 않은가. 나이를 먹을수록 생계의 프레임에서 벗어나 인생의 프레임으로 가야 한다. 생계 걱정에서 벗어나게 되면 지금으로서는 잘 보이지 않는, 일이라는 것의 새로운 면을 보게 될 것이다.

설명하기가 참 어렵지만 예를 들면 이런 것이다. 현재 다니고 있는 직장에서 해고되면 갈 곳이 없다. 힘들게 재취업에 성공한다고 해도 지금 직장만큼 월급을 주는 데가 없다. 당장 몇 개월만 실업자로 지내도 잔고가 바닥난다. 이런 상황에서 일을 즐겁게 하기는 정말 어렵다. 그런데 이 직장에서 잘려도 오래도록 먹고살 방법이 있다면 느낌이 좀 다르다. 당당하게 할 말을 할 수 있고 일 자체를 즐길 수도 있다.

나는 지금 은퇴해도 노후를 여유롭게 보낼 만한 돈이 있다. 그래도 여전히 전업투자자로 살고 있다. 노동 시간으로 따져도 직장인들 못지않게 일을 한다. 기업 분석을 하고 현장 탐방을 가고 주주총회에도 간다. 때로는 대주주와의 마찰 같은 골치 아픈 문제들도 발생한다. 주가가 올라가면 기분이 좋고, 떨어지면 속이 쓰리다. (물론 투자 철학이 흔들리지는 않는다.) 그럼에도 불구하고 이 모든 활동을 합쳐서 나는 즐겁다고 정리한다. 일 자체를 즐기고 있기 때문이다. 지금으로부터 10년 후에는 여러분도 자기 일의 새로운 지평을 보게 될 것이다.

돈이 일하게 하라

부모와 자식은 놀랍도록 닮는다. 생김새나 체격처럼 유전적인 것뿐만 아니라 사소한 생활습관, 예를 들면 TV를 보는 자세까지 닮는다. 화를 내는 지점도, 세상을 보는 태도도 비슷해지기 쉽다. 그리고 돈을 대하는 태도 역시 닮는다. 스스로 판단을 내리기 전에 부모에서 자식으로 전달되는 것이다. 어떤 사람들은 자신만의 판단 기준을 찾아 나가기도 하지만, 많은 이들은 평생 그 굴레를 벗어나지 못한다.

상당수의 부모가 돈을 대하는 태도는 "어떡해!"로 요약할 수 있다. 어린아이들이 난관에 봉착했을 때 주저앉으면서 "난 몰라!" 하는 것과 비슷하다. 부모가 특별히 주의를 기울이지 않는 한 아이들도 밥상머리에서 부모의 돈 걱정을 듣는다. 돈 걱정하는 훈련을 받는 것이다. 어쩌면 '돈에 대한 짜증'이라고 불러야 할지도 모르겠다. 바로 이 '돈에 대한 짜증' 유전자는 자식에게 그대로 물려진다. 여러분도 어렸을 때 부모님이 돈과 관련해서 "어떡하지?"라고 말하는 것을 들어본 적이 있을 것이다. 이런 일은 생각보다 빈번하게 일어난다. 물론 아이가 잠든 틈에 몰래 대책을 세워 문제를 해결하기도 하지만 이때 부부끼리 나눈 말은 아이에게 전달되지 않는다. 부모의 입에서 무심코 터져 나온 탄식만 아이의 머릿속에 남을 뿐이다. 사실 따지고 들어가면 온전히 부모만의 잘못도 아니다. 부모 역시 당신들의 부모에게서 돈 걱정을 물려받은 것이기 때문이다.

절대다수의 부모가 알고 있는 부자가 되는, 혹은 웬만큼 먹고 사는 방법은 공부밖에 없다. 부모 세대는 공부에 한이 맺혀 소 팔고 논 팔아서 자식들 공부 뒷바라지를 했다고들 한다. 그러나 엄밀하게 말하면 공부에 대한 한은 아니다. '배움이 짧아서 요 모양 요 꼴로 산다' '내 아이만큼은 나처럼 살게 하지 않겠다'라는 것이 좀 더 정확한 표현이다. 정말 배움 그 자체에 한이 맺혔다면 학자가 되기를 바라야 하는데, 적어도 내 주위에 그런 부모를 가진 사람은 없었다. 결국 내 자식은 부자로 살았으면 좋겠다는 뜻인데 표현이 서툴렀을 뿐이다.

하지만 이들은 공부 잘해서 부자가 될 가능성이 굉장히 낮다는 것을 몰랐다. 대학만 가면 될 줄 알았지만 월급 모아서 부를 이룰 수 있는 학과에 가는 사람은 극히 일부다. 내 짐작이 맞다면 여러분 역시 월급만 모아도 부자가 되는 직장에 다니진 않을 것이다.

그런데 배움에 한 맺힌 부모의 뜻대로 대학을 졸업한 사람들 역시 공부가 부자가 되는 유일한 길인 것처럼 자녀를 양육한다. 참 희한한 일이다. 최소한 중간은 가야 낙오자가 되지 않는다는 믿음도 존재하는 것 같다. 언제나 배움은 좋은 것이지만 '공부=부자'라는 등식은 성립되지 않는다. 그럼에도 여전히 공부 이외에는 부자가 되는 방법을 모른다. 이렇게 돈 걱정은 아버지에서 아들로, 그 아들의 아들로 이어져 내려오고 있다.

여러분은 초등학생 때부터 셀 수 없을 만큼 많은 문제를 풀었다. 교과서와 참고서에 나오는 문제를 풀었고 중간고사와 기말고사도 치렀다. 이렇게 훈련을 많이 했으니 문제해결 능력이 최상이어야 하는데 그 능력은 문제집만 벗어나면 맥을 못 춘다. 돈 버는 방법에 있어서도 마찬가지다. 공부라는 공식으로 가난을 극복하고 부자가 되는 문제를 해결하지 못했다면 새로운 공식을 도입해야 한다. 2차 방정식을 푸는 공식으로는 3차 방정식을 풀 수 없다. 대를 이어 풀어도 안 되는 건 안 된다.

여러분이 부모님에게서 배운 부자가 되는 공식은 '공부'와 '근검절약'이다. 그러나 공부라는 공식은 이미 고등학교 때 시효가 만료되었고, 근검절약만으로도 돈을 불릴 수 있던 시대는 지난 지 오래다. 그렇다면 돈 걱정을 그냥 숙명처럼 받아들여야 하는 것일까? 여러분은 두 가지 보기 중 하나를 선택할 수 있다. 돈 걱정을 다시 자녀에게 물려주거나, 아니면 새로운 공식을 자신의 인생에

도입하거나.

새로운 공식이란 돈이 일하게 하는 것이다. 이것을 '투자'라고 한다. 여러분의 돈이 적절한 곳에 가서 가치를 생산하게 하는 것이 투자다. 투자를 통해 자산을 불린다는 것은 여러분의 일꾼을 늘린다는 것이다.

문제를 해결하려면 옳은 방법으로 열심히 해야 한다. 계란으로 바위를 아무리 열심히 쳐도 바위는 깨지지 않는다. 1000년 동안 바위를 치면 바위가 깨질지도 모른다. 하지만 인간의 수명은 그리 길지 않고, 60세만 되어도 힘이 없어서 더 이상 열심히 바위를 치지 못한다. 이미 안 된다는 걸 알고 있으므로 열심히 하는 것도 잘 안 되고 금방 지친다. 뭔가 진척이 되어야 하는데, 힘만 들고 달라지는 건 없기 때문에 노력을 지속할 수 없는 것이다.

열심히 하지 않아서 바위를 깨지 못한 것이 아니다. 여러분의 부모님이, 혹은 여러분이 열심히 살지 않아서 부자가 되지 못한 것이 아니다. 새로운 도구를 사용하지 않았기에 부자가 되지 못한 것이다. 지금 여러분에게 필요한 공식은 근검절약이 아니라 투자라는 공식이다.

부자는 나쁘다는 편견을 버려라

영화 〈인셉션(Inception)〉은 타인의 꿈속에 들어가 생각을 훔치거나 새로운 생각을 심을 수 있다는 것을 기본 설정으로 삼고 있다. 이 설정에 따르면 말로도 안 되고 협박으로도 안 될 때, 그 사람의 꿈속에 들어가 생각을 조작할 수 있다. 무의식까지 조작하므로 그 어떤 논리보다도 강력하게 작동한다.

설정 자체가 그리 놀랍지는 않다. 다른 사람의 생각을 조작하는 일은 인류사에서 언제나 일상적으로 벌어져왔기 때문이다. 대표적인 것이 문화다. 남아선호사상, 인종차별, 신분제, 혈액형 등……. 자신도 여자의 몸에서 나왔으면서 여자를 무시하고, 멜라닌을 기준으로 사람의 우열을 평가한다. 귀하고 천한 사람은 날 때부터 결정된다고 하고, 사람의 성격이 고작 혈액형 네 가지로 나뉜다고 주장한다. 여기에는 편견과 이권이 있을 뿐 논리는 없다. 하지만 어릴 때부터 그런 문화에서 교육을 받으면서 자란 사람에게는 '원래 그런 것'이다.

사람들은 부자에 대해 이중적인 태도를 보인다. 부자가 되고 싶어 하면서도 부자는 나쁜 사람이라고 생각한다. 실제로 부자인 어떤 사람을 만나고 나면 상황에 따라 생각을 바꾸기도 하지만, 머릿속으로 떠올리기만 할 때는 편견을 버리지 못한다. 부자라는 말을 한 개인이 아니라 불특정 다수를 지칭하는 의미로 쓸 때 부자의 이미지는 특히 부정적이다. 사람들이 왜 이런 생각을 하게 된 것인지 고민하다 보면, 역시 부자를 부정적으로 바라보는 문화에 그 원인이 있다는 생각이 든다.

여러분이 어렸을 때 읽었던 동화를 생각해보시라. 부자 중에 착한 사람이 있던가? 동화 속에 나오는 부자는 심술궂고 외모도 못생겼으며 어리석기까지 하다. 반면 가난한 사람은 착하고 외모도 준수하며 지혜롭다. 그리고 대체로 주인공은 가난한 사람이다. 그래서 동화를 읽다 보면 자연스럽게 가난한 주인공에게 감정이입을 하게 된다. 동화의 끝은 대부분 권선징악인데, 이 역시 부자를 부정적으로 인식하게 만드는 데 큰 역할을 한다. 부자는 벌을 받아 가난해지고 가난한 자는 복을 받아 부자가 된다. 동화뿐 아니라 속담도 만만치 않다. 있는 놈이 더하고, 부자가 천국에 가려면 낙타를 바늘구멍으로 통과시켜야 한다.

그런데 동화의 결론을 가만히 생각해보면 뭔가 좀 이상하다.

'부자는 나쁘고 가난한 사람은 착하다'라는 생각 프레임의 전형을 보여주는 동화 「흥부놀부」를 보자. '심술궂은' 부자에게 하늘이 내리는 벌이 가난인데, '착한' 주인공은 이미 이야기의 시작에서부터 하늘이 내리는 벌인 가난에 시달린다. 게다가 하늘은 스스로 돕는 자를 돕는 법인데, 흥부는 부자가 되기 위해 스스로 뭔가를 하지 않는다. 제비 다리를 고쳐줬지만 그 자체는 부를 쌓는 일과 무관하다. 흥부는 뚜렷한 직업도 없이 자식들이 줄줄이 생길 때까지 가난하게 살았다. 무능함, 무욕, 선함을 연장선상에 놓고 봐도 되는 것일까. 도대체 얼마나 오랫동안 가난한 상태로 착하게 살아야 복을 받을 수 있는 것일까.

여러분에게 부자의 이미지는 어떤가? 혹시 여러분은 지금까지 부자에 대한 부정적인 이미지를 강화시켜주는 증거만을 찾아 수집하고 조작하지는 않았는가. 부자에 대한 부정적인 이미지를 갖고 있다면 부자는 절대로 되어서는 안 될 몹쓸 무엇이다. 부자가 되면 흉한 몰골로 살아가다가 결국에는 천벌을 받을 것인데 어떻게 부자가 될 수 있겠는가. 그러나 대부분의 사람들이 부자들을 욕하면서도 내심 부자가 되고 싶어 한다. 그리고 오랫동안 막연히 가지고 있던 부자에 대한 부정적인 인식과 부자가 되고 싶은 진심이 충돌하여 이중적인 태도를 보인다.

부도덕하고 심술궂은 사람 중에는 부자도 있고 가난한 사람도 있다. 가난한 사람 중에도 부도덕하고 심보가 고약한 사람이 있기 마련이다. 이분법적인 판단에서 나온 편견을 버리고 부자에 대해 다시 생각할 필요가 있다. 다른 사람의 부유함을 샘내며 부정적인 이미지를 덧입힐 것이 아니라, 그가 풍족한 지갑을 가지기 위해 무엇을 했는지 배우는 게 합리적이다. 풍족한 자본을 유지하고 더 늘리기 위해 무엇을 하고 있는지 배워야 한다.

부자를 싫어하면서 부자가 될 수는 없다. 부자를 싫어하면 부자에게서 배울 수도 없다. 증오하는 대상에게서 무엇을 배울 수 있겠는가. 온 마음을 다해 진심으로 부자가 되고 싶은지, 부자에 대한 꺼림칙한 마음은 없는지 스스로에게 질문해볼 시간이다.

불안과 탐욕을 울타리에 가둬라

단기간에 많은 돈을 번 사람을 일컬어 '돈방석에 앉았다'라는 표현을 쓴다. 농담 삼아 말하자면, '돈방석'은 기능적인 측면에서 볼 때 방석으로 부적절하다. 딱딱하고 냄새도 나고 시각적으로 예쁘지도 않다. 또 집에 누군가 올 때마다 숨겨야 하는 번거로움도 있다. 일주일도 지나지 않아서 돈방석에는 앉지 않을 것이다. 돈 방석에서 돈을 조금만 빼내도 예쁘고 푹신한 방석을 살 수 있다. 이때 비로소 돈의 가치가 발현된다. 돈, 즉 화폐는 교환되기 위해 존재한다. 넉넉한 잔고는 그 자체로 심리적인 안정감을 주지만 근본적으로 교환을 전제로 한다.

초등학생도 아는 이야기를 하는 이유는 이 간단한 사실을 잊어버리고 사는 사람들이 많기 때문이다. 그런 사람들은 돈이 아무리 많아도 부자가 되지 못한다. 그의 블랙홀로 빨려 들어간 돈은 다시는 세상 구경을 하지 못하고 잔고로만 남는다. 오로지 자산의 규모를 늘리는 데만 혈안이 될 뿐 자신의 행복을 위해 돈을 쓰지 못한다. 가족이나 친구 등 소중한 사람들에게는 말할 것도 없다. 이런 사람을 일컬어 '수전노' 또는 '돈의 노예'라고 부른다.

수전노는 돈을 사랑하는 사람이다. 누군가는 돈을 사랑하라고도 하는데 나는 반대한다. 사랑하는 사람, 좋아하는 것들을 위해 돈이 필요한 것이다. 사랑하는 사람들을 지키고 더 행복하게 만들고 내가 좋아하는 것들을 누리기 위해 필요한 것이 돈이다. 이 사실을 잊어서는 안 된다. 자칫 잘못하면 결국 돈이 필요하다는 것 아니냐고 하다가 돈 자체를 사랑하는 비극에 빠진다.

이런 사태를 미연에 방지하려면 원하는 것을 명확히 해야 한다. 목록을 작성해보는 것도 도움이 된다. 완벽하지는 않더라도, 또 이후에 변하더라도 지금 무엇을 원하는지 생각해보라. 지금 돈 때문에 못 사고 못 하는 것은 무엇인가? '지금 10억 원이 내 손에 있다면…'이라는 상상을 해보면 도움이 될 것이다. 그리고 여러분이 사랑하는 사람, 여러분이 소중하게 생각하는 것들도 떠올려보면 좋을 것 같다. 단순한 소비의 목록이 아니라 여러분을 행복하게 하는 모든 활동을 말이다.

한 가지 주의해야 할 것은 목록의 후보가 정말 자신의 욕망인지, 아니면 타인의 욕망인지 구별해야 한다는 것이다. 그 물건을 구매하는 것이 정말 나의 기쁨을 위함인지, 아니면 보여주기 위한 소비인지 생각해봐야 한다. 남에게 뒤지지 않기 위한 소비는 열등감, 경쟁심에 따른 것이다. 그런 소비는 여러분을 행복하게 하지 못한다. 이 세상 어느 누구도 내가 그 물건을 가졌다는 사실을 몰라도 혼자 만족할 수 있어야 한다. 내가 행복하면 그냥 행복한 것이지 누군가 내 행복을 알아주어야 행복해지는 것은 아니다.

성실하게 작성한 목록은 자신만의 돈의 개념을 명확하게 해줄 것이다. 다른 사람과 겹치든 겹치지 않든 간에 그 목록은 여러분이 부자가 되어야 하는 이유가 되어줄 것이다. 아무리 생각해도 적어 넣을 것이 없다면 여러분은 이미 부자이거나 시체다.

"인간의 모든 욕망을 채울 수는 없다. 돈이 많아지면 그에 따라 새로운 욕망이 생길 것이다. 과거에 천하를 호령하던 제왕들도 욕망을 다 채우지는 못했다. 따라서 욕망은 적당히 다스려야 한다."

누군가 이렇게 말한다면 부정하지는 않겠다. 틀린 말이 아니다. '최소한의 욕망'을 충족시키며 산다는 말은 있지만 '최대한의 욕망'을 충족하며 산다는 말은 없다. 욕망은 끝이 없다. 그렇다면 욕망을 억제하는 훈련만 잘하면 돈이 좀 없어도 괜찮다고 할 수 있을까?

이 질문에 정답은 없다. 선택의 문제다. '괜찮다!'라는 선택을 한 분이라면 얼른 마음 다스리는 책을 찾아보기 바란다. 다만 한 가지는 당부하고 싶다. 돈이 행복을 만들어주지는 못하지만 불행하게 만들 수는 있다. 지속되는 궁핍함 속에서 행복할 수 있는 사람은 많지 않다. 돈은 행복의 충분조건은 아니지만 필요조건은 된다. 사랑하는 사람과 밥을 먹든 여행을 가든 자신을 행복하게 만드는 활동을 하려면 돈이 들기 때문이다. 아무것도 하지 않고 가만히 앉아 있을 때가 가장 기쁘다면? 지금 심신이 몹시 지쳐 있는 것 같으니 피로 회복이 급선무라는 말씀을 드리고 싶다.

자신이 원하는 것의 목록을 작성하면서 돈에 대한 개념을 정립하고 나면 또 다른 효과도 얻을 수 있다. 우리 마음속에는 불안과 탐욕이라는 괴물이 살고 있는데, 이 괴물을 완벽하게 제거하고 살 수 있는 사람은 거의 없다. 어쨌거나 같이 살아가야 한다. 그런데 뚜렷하게 정립된 돈의 개념은 괴물의 활동 영역을 좁히는 울타리 역할을 한다. 울타리가 없으면 괴물은 급속도로 자라고 마구 날뛰면서 사람의 마음을 피폐하게 만든다. 사람이 돈의 노예가 되는 것이다.

여러분은 곧 주식투자를 시작할 것이다. (그렇게 되기를 기대한다.) 주식투자에서 중요한 것 중 하나가 담대한 마음이다. 돈의 개념을 정립해 괴물을 울타리에 가둔 사람만이 담대한 마음을 가질 수 있고, 그런 사람만이 탐욕에 눈먼 '투기'가 아니라 진정한 의미의 '투자'를 할 수 있다. 탐욕에 눈이 먼 사람의 돈은 눈먼 돈에 다름 아니다.

2장

게으른 돈의
엉덩이를
걷어차라

Let money works.

당신의 돈은
어디서 무엇을 하고 있는가

현재 여러분의 자산은 얼마인가? 여기서 자산은 은행에 있는 돈은 물론 각종 보험, 전월세 보증금을 포함해 지갑에 있는 돈까지 모두 계산한 것을 말한다. 넉넉하게 계산해줘도 만족할 만한 액수는 아닐 것이다.

그러나 실망하기에는 이르다. 여러분에게는 노동력이 있다. 그러니 향후 10년 동안 악착같이 돈을 모아보자. 숨만 쉬고 살면서 월급의 상당 부분을 저축했을 때 10년 동안 모을 수 있는 돈은 얼마인가? 병에 걸린다거나 사고를 당한다거나 하는 변수는 제외하자. 자녀가 성장함에 따라 양육비도 늘어나겠지만 계산의 편의를 위해 이 역시 제외하자. 오로지 연봉이 순차적으로 오를 것이라는 가정만 계산에 반영하시면 되겠다. 충분히 만족할 수 있는 액수인가? 또 지금 보유하고 있는 자산을 10년 전에 가지고 있었다면 지금은 얼마가 됐을 것 같은가? 여기서 흥미로운(여러분들로서는 속이 쓰릴) 비교를 해보자. 10년 전에 여러분과 나에게 똑같이 1000만 원이라는 자금이 있었다면 지금 우리는 각각 얼마의 자산을 가지고 있을까.

투자를 하지 않았다면 여러분의 1000만 원은 10년 동안 은행에 있었을 것이다. 연 3% 이자를 주는 복리예금이라고 가정해보자. 이 정도면 굉장히 후한 계산이다. 2% 후반대의 예금 상품도 찾아보기 힘들다고 하고 그나마도 더 하락할 가능성이 높다. 1000만 원을 3%의 이율을 주는 은행에 맡겨두면 120개월 후에 약 1350만 원이 된다. 10년 동안 35%의 이자를 받게 되었다. 만족하시는가?

그렇다면 나의 1000만 원은 어떻게 되어 있을까. 내가 기업에 투자할 때 목표로 하는 수익률로 계산해보면 약 6200만 원이 된다. 목표 수익률은 20%인데 실제로 지난 10여 년간 나의 연평균 수익률은 50%정도였다. 재미삼아 계산해보면 약 5억 7700만 원이라는 돈이 된다. (순전히 재미삼아 해본 계산이다. 뒤에서 또 이야기하겠지만 여러분이 50% 수익률을 목표로 주식투자를 한다면 마이너스 50% 수익률을 만나게 될 것이다.)

이와 같은 방식으로 다시 10년을 더 지속하면 여러분의 1000만 원은 20년 만에 약 1800만 원이 된다. 그리고 나의 1000만 원은 3억 8300만 원이 넘는다. 이율을 마음대로 '조작'한 결과라고 생각할 수 있지만 은행의 이율은 더 높게, 나의 수익률은 더 낮게 잡아 계산한 것이다. 동일한 자금으로 시작해 동일한 기간 동안 돈을 굴렸는데도 이렇게 어마어마한 차이가 나는 것은 여러분이 은행에 돈을 맡길 때(여러분뿐만 아니라 다수의 사람들이 그렇게 하고 있다) 나는 기업에 돈을 맡겼기 때문이다.

내가 투자한 기업의 사례를 봐도 된다. 2004년 8월 13일 종가를 기준으로, 삼천리자전거는 790원, 대동공업은 4125원, 태평양물산은 4990원이었다. 10년 뒤인 2014년 8월 13일에 삼천리자전거는 1만 9200원, 대동공업은 1만 450원, 태평양물산은 5640원이다. 이 사이에 대동공업은 1/5로, 태평양물산은 1/10로 액면분할을 했다. 그러니까 삼천리자전거는 10년 동안 약 24배 상승했고 대동공업과 태평양물산도 각각 13배와 11배 정도 상승했다. 10년 동안 받은 배당금과 유·무상증자는 계산에 넣지 않았다. (10년 전을 기준으로 했을 뿐 나의 투자 시기와 정확히 일치하지는 않는다.)

10년 전으로 돌아간다면 있는 돈 없는 돈 끌어모아 삼천리자전거의 주식을 사지 않겠는가? 그때 1000만 원을 투자했다면 지금은 2억 4000만 원이 넘는 자금을 손에 쥐고 있을 것이다. 대동공업을 샀더라도 1억 원이 넘는 자금을 보유하고 있을 것이다. 돌아보면 이 정도 수익을 낼 종목은 얼마든지 있었다. 지금 당장 포털사이트의 증권 메뉴에 들어가서 몇몇 기업들의 5년 치 차트를 일별해보시라. 아까워서 발을 구르게 될 것이다. 기업이 그렇게 성장하는 동안 여러분의 돈은 어디서 무엇을 하고 있었는가. 지금 이 순간부터 여러분의 노동력으로 벌어들일 돈은 어디서 무엇을 해야 하는가.

내가 예로 든 3개 기업은 지난 10년 동안 주가가 크게 상승했다. 그러나 '이 기업에 투자했다면 수명이 몇 년은 줄었겠다' 싶은 종목도 많다. 상승은 고사하고 아예 망해버린 기업도 있다. 실제로 여러분 본인을 포함해 주위에 있는 개인 투자자들 중에는 수익을 냈다는 사람보다 손실을 봤다는 사람이 더 많다. 신문사에 전화해 주식과 관련된 뉴스는 빼라고 항의라도 하고 싶은 사람도 있을 것이다. 여의도 근처에만 가도 부아가 치밀어 오르는 사람도 있다. 자신은 주식투자 외에는 손실을 메울 길이 없어서 계속하고 있지만 아직 주식투자를 시작하지 않은 사람에게는 '절대로 주식시장 근처에는 오지 말라'고 조언하는 사람도 있다.

5년 동안 쭉 하락한 종목이 있는 것도 사실이고 개인 투자자들 중 상당수가 손실을 보는 것도 사실이다. 그런데 그들이 한 가지 간과하고 있는 지점이 있다. 손실을 본 사람들은 실패할 수밖에 없는 방식으로 투자를 했다는 점이다. 비유하자면, 칼날을 잡고 싸우러 나가는 꼴이라고 하겠다. 싸우는 방식의 투자를 하지 않아도 되는데 굳이 싸움을 하겠다면서 칼날을 쥐고 나가는 것이다. 이에 대한 설명은 뒤에서 자세히 할 것이다.

●

돈이 기업에 모이고 있다

나는 여러분이 '아, 그때 삼천리자전거를 샀다면……' 하고 아쉬워하며 백일몽에 빠지지 않기를 바란다. 백일몽을 꾸는 몽롱한 상태에서 주식투자를 시작했다가는 주식시장 자체를 저주하는 또 한 사람이 되기 십상이다. 지금 여러분은 세상의 흐름에 무관심했다는 것을 한탄해야 한다. 무엇인가가 여러분의 따귀를 때리고 있는데 그게 무엇인지 알려고 하지 않았다. 뺨이 아파서 짜증이 나기는 하는데 누가 때리는지 알아보려니 귀찮은 것이다.

1997년 IMF 사태 이후를 떠올려보자. 도산한 기업의 직원들은 하루아침에 일자리를 잃었고, 정규직이었던 사람들은 비정규직이 되었다. 다행히 망하지 않은 회사에 다니던 사람들은 연봉이 동결되었다. 소비가 줄어드니 자영업자들도 매출이 크게 줄었고 많은 이들이 가게 문을 닫아야 했다. 부푼 꿈을 안고 대출을 받아 가게를 열었던 이들은 한순간에 신용불량자가 되었다. 아버지가 직장을 잃은 초등학생은 학원을 줄여야 했고 더 좁은 집에서 살아야 했다. 매달 자식들에게 용돈을 받아 생활하던 노인은 "이제 용돈은 그만 보내도 된다"라고 말하며 폐지를 주웠다. 졸업을 앞두었던 대학교 4학년생은 예비 백수가 되었다. 어릴 때부터 좋아했던 공부를 하려던 고등학생은 급하게 진로를 바꿔 취직이 잘된다는 학과에 지원했다. 당시 몇 세였고 어디에 있었든지 여러분은 외환위기의 영향권에서 벗어날 수 없었다. 심지어 당시에는 태어나지도 않았던 아이들, 2000년에 출생한 아이들도 그 영향 아래 있다.

대다수 국민들이 그때 IMF라는 말을 처음 들었고 국가가 부도날 수 있다는 것도 그때 처음 알았다. 그리고 점잖은 체면에 차마

하지 못했던 돈 타령을 너도나도 하게 되었고 "부자 되세요"라고 외치는 '경박스러운' 광고가 히트를 쳤다. 그래도 여전히 대다수는 왜 외환위기가 왔는지 모른다. 그저 당시 정부가 무능했고 기업들이 부도덕했다는 정도로만 생각하고 있다. (아직도 무능한 정부와 부도덕한 기업이 IMF 사태 원인의 전부라고 알고 있다면 헤지펀드에 대해 공부해보아야 한다.)

비가 온다는 걸 몰라도 옷은 젖는다. '겨울'이라는 개념을 몰라도 겨울이 오면 추위를 느낀다. 정치를 몰라도 여러분을 대상으로 하는 법이 만들어지고, 국세청을 몰라도 세금은 내야 한다. 그리고 경제는 경제를 잘 모르는 사람이라고 해서 사정을 봐주지 않는다. 어렵고 복잡하다는 이유로 경제를 외면하는 동안 여러분이 살아갈 삶의 여건들이 결정된다. 자본주의 사회에 살면서 경제를 모른다고 하면 자기 삶을 방관하고 있는 것과 같다.

나는 여러분에게 사람들이 호환마마보다 무섭다고 하는 주식시장에 뛰어들라고 권유하고 있다. 그 위험한 주식투자로 부자가 되라고 말하고 있다. 1997년 이전이었다면 내 말은 옳기도 하고 그르기도 했다. 하지만 지금은 옳다. 1975년부터 1997년까지 기업과 가계의 소득 증가율은 각각 8.2%와 8.1%였다. 기업이 부자가 되는 속도와 비슷하게 가계도 부자가 되었다. 평생직장이 보장되었고 알뜰하게만 살면 편안한 노후를 기대하기에 충분했다.

그런데 IMF 사태 이후 달라졌다. 이른바 IMF 체제가 자리를 잡은 이후인 2000년부터 2010년까지 기업소득의 증가율은 16.5%

로 이전에 비해 두 배 이상 상승했다. 반면 가계소득의 증가율은 2.3%로 크게 둔화되었다. 또 2000년에는 국민총소득 중 가계소득이 90%를 차지했지만 2010년에는 76%로 내려앉았다. 그 기간 동안 기업의 비중은 10%에서 24%로 뛰어올랐다. 기업은 점점 부자가 되고 있는 데 반해 여러분과 여러분의 이웃은 점점 가난해지고 있는 것이다. 옳고 그름을 떠나 이것이 냉정한 현실이다.

경제를 안다면, 돈이 어디에 모이고 있는지를 안다면 주식투자를 하지 않을 이유가 없다. 주식투자를 하지 않는 것이 오히려 어리석은 일이다. 주식투자는 '얼마의 종잣돈으로 몇 배를 불려 부자가 되겠다'라는 식의 백일몽으로 시작하는 것이 아니다. 시작이 백일몽이면 끝은 일장춘몽이다. '나는 어쩔 수 없이 하고 있지만 너는 절대로 하지 말라'라는, 앞뒤가 안 맞는 말의 주인공이 되기 십상이다. 경제 현실을 명확하게 인식하고 냉정하게 접근해야 한다.

돈이 기업에 쌓이고 있는 상황에서 부자가 되려면 무엇을 해야 할까? 먼저 스스로에게 질문해보시라. 나는 여러분에게 부자가 되고 싶은 간절한 마음이 있다고 믿는다. 그렇다면 여러 가능성들을 타진해봐야 한다. 월급을 모으면 부자가 될 수 있는가? 상속만 받아도 될 만큼 부모님이 부자인가? 크든 작든 사업을 시작할 자금과 성공시킬 노하우가 있는가? 이외에도 여러분이 아는 모든 방법들을 열거해보라. 그 방법들 중 '이거라면 되겠다' 싶은 것이 있다면 꼭 주식투자를 하지 않아도 된다. 그러나 마땅한 방법이 없다면 부자가 되기를 포기하거나 주식투자를 하는 수밖에 없다.

기업은 부자가 되고 있는 데 반해 여러분은 가난해지고 있다.
옳고 그름을 떠나 이것이 냉정한 현실이다.
돈이 기업에 쌓이고 있는 상황에서 부자가 되려면
무엇을 해야 하는가. 기업의 부를 나눠 가질 방법을 찾아야 한다.
이것이 바로 주식투자를 해야 하는 이유다.

주식투자자가 되는 것은 쉽지만 수익을 내는 투자자가 되기는 어렵다. 주식시장은 절대로 쉽게 돈을 벌 수 있는 곳이 아니다. 그러나 여러분을 부자로 만들어줄 거의 유일한 길이다. 부자가 되고자 한다면 갈 수밖에 없는 길이다. 어떻게 해야 할까? 위험하고 어렵다고 외면할 것이 아니라 그 길을 제대로 가는 방법을 배우고 실천해야 한다. 그것이 합리적인 선택이다. 다행히 주식투자로 부자가 되는 길은 힘들지만 좁지는 않은 길이다. 주식투자의 본질을 안다면, 제대로 된 방법을 배우고 원칙을 실행한다면, 탐욕에 휘둘리지 않는다면 누구에게나 열려 있는 큰 길이다. 이 큰 길의 안내자가 되려는 것이 이 책을 쓰는 목적이기도 하다.

자본주의 경제는 그것을 모르는 사람의 뺨을 후려갈기지만 그것을 알고 이용하는 사람에게는 날개를 달아준다. 알지만 실행하지 않고 점점 가난해지고 있는 이들의 대열에 합류할 것인가, 아니면 기업의 부를 여러분이 투자한 만큼 가져올 것인가. 따귀를 맞을 것인가, 날개를 달 것인가. 여러분의 선택에 달렸다.

집은 집이다

집은 집이 아니었다. 꿈이었다. '내 집 마련'은 모두의 꿈이었다. 또한 집은 황금알을 낳는 거위 못지않은 재테크 수단이었다. 똑똑한 주부는 집 담보 대출과 이사를 거듭하면서 남편의 월급보다 더 많은 돈을 벌어들였다. 사람들은 그런 마누라는 업고 다녀야 한다며 부러워했다.

집은 신화였다. 설마 더 오르겠냐며 의심하는 사람들을 비웃듯 천정부지로 그 값이 뛰어올랐다. 순수하게 자신이 가진 돈만으로 집을 사기 위해 열심히 돈을 모으던 이들은 '닭 쫓던 개' 신세가 되었다. 은행에서 집값에 육박하는 대출을 받아서라도 집을 샀어야 했다. 이자를 지불하고도 남을 만큼 집값은 상승했다. 부동산 불패 신화는 끝나지 않을 것만 같았다. 그러나 딱 여기까지다.

집과 관련된 '선순환' 구조는 이렇다. 돈을 한창 벌 때 집을 사 둔다, 집을 사려는 신혼부부가 계속해서 공급된다, 집값은 계속해서 오른다, 신혼부부는 노부부가 된다, 그들이 살 때보다 값이 오른 집을 팔아 노후를 누린다. 그런데 각종 현실적인 문제들을 차치하고 이 구조만 놓고 생각해봐도 뭔가 이상하다. 정말 이 구조가 지속된다면 우리나라에서 아파트 한 채를 팔아 지중해 어디쯤에 있는 섬을 살 수도 있지 않겠는가.

집 한 채를 팔아 섬을 사는 환상은 이미 실현 가능성이 떨어진 지 오래다. 벌써 몇 년째 집값은 제자리걸음이거나 하락했다. 우리는 자본주의 사회에서 가격이 결정되는 방식을 알고 있다. 공급곡선과 수요곡선이 만나는 지점에서 가격이 결정된다. 그런데 현재 우리나라 부동산 시장은 공급은 늘어나는데 수요는 점점 줄어들고 있다. 주택보급률 100%를 넘긴 지는 이미 오래다. 인구도 갈수록 줄고 있고 그나마 있는 결혼 적령기의 청춘남녀들 중에는 결혼을 하지 않는 사람도 많다.

"집 가진 유권자가 몇 명인데, 정부가 집값 하락을 방관하지는 못할 거야."

맞는 말이다. 정부는 내버려두지 않고 있다. 이명박 정부 때부터 부동산 부양책이 몇 번이나 나왔는지 기억하시는가. 나도 처음에는 관심을 가지고 지켜봤는데 너무 자주 발표하니까 지금은 그냥 그러려니 한다. 거듭되는 정부의 부동산 부양책이 말해주는 사실은 무엇인가. 집값이 떨어지고 있다는 것, 부양책을 발표해도 별

효과가 없다는 것 아니겠는가.

월세의 비중이 점점 높아지는 것도 같은 원인에서 비롯된 것이다. 2억 원짜리 집을 절반은 자기 돈으로, 나머지는 은행에서 대출을 받아 산다. 그리고 1억 원에 전세를 준다. 전세금으로 대출금을 갚고 나면 1억 원은 묶이지만 대출이자는 내지 않아도 된다. 그냥 대출이자를 내고 전세금으로 받은 1억 원으로 다른 집을 살 수도 있다. 집값이 계속 오른다는 전제가 있을 때는 가능하다. 그러나 집값이 오르지 않으면 1억 원이 묶인 상태에서 세금만 나간다. 집값이 연 10% 이상 오르지 않을 경우 월세를 받는 쪽의 수익률이 더 높다.

세 들어 사는 사람의 입장은 그와 반대다. 전세로 들어갈 돈이 있다면 월세를 내지 않는 쪽이 유리하다. 대출을 일부 받으면 집을 살 수 있지만 지금 집을 사기에는 집값의 추이가 심상치 않다. 결국 전세 공급은 줄어들고 수요는 늘어난다. 최근 전세가가 상승하게 된 원인이다.

나는 집이 진짜 집이 되는 시대가 오고 있다고 본다. 지금은 과도기다. 다만 집값이 폭락하면 경제에 미칠 악영향이 만만치 않을 것이므로 연착륙을 위한 정책이 필요하다.

모두 알다시피 사람이 살아가는 데 있어서 기본적으로 필요한 것이 의식주다. 집도 기본에 들어간다. 집이라는 공간에서 가정이 꾸려진다는 것을 생각하면 집은 비교 불가능한 가치를 갖고 있다. 가장들이 불철주야 일을 하는 것도 집에 있는 사람들을 지키기 위해서다. 그러나 경제적인 측면에서 보면 집은 부가가치를 생산하지 않는다. 부가가치를 생산할 수 있는 돈, 경제를 활성화시킬 수 있는 돈이 집에 묶여 있는 것이 우리나라의 현실이다. 이는 바람직한 현상이 아니다. 돈은 돌고 돌면서 부가가치를 생산해야 한다.

기업 외적인 면에서 우리나라 주식시장의 전망을 긍정적으로 보는 이유 중 하나가 집값의 정체 현상이다. 여유자금은 수익이 나는 곳으로 몰리기 마련이다. 부동산에서 수익을 기대할 수 없는 돈들이 갈 곳은 정해져 있다. 자금이 옮겨 오는 과정에서 받을 충격이 염려스럽지만 결국에는 주식시장으로 몰리게 될 것이라는 게 내 생각이다.

● 기업은 계속 성장한다

이쯤에서 여러분이 생각하는 집은 어떤 것인지 묻고 싶다. 여러분에게 집은 '사는(live) 곳'인가, '사는(buy) 것'인가. 진부한 질문이지만 이제는 정말 진지하게 답을 내려야 한다. 부동산 불패 신화의 환상에 젖어 '투자'를 하겠다며 무리하게 대출을 받아 집을 마련했다가 하우스푸어로 전락하는 일이 더는 없어야 한다. 집으로 이윤을 남길 수 있는 시대는 이미 지났다.

집은 이제 '사는 곳'이 되어야 한다. 언젠가 집값이 껑충껑충 뛰어 보상을 받을지도 모른다는 막연한 기대감에, 남들 하는 만큼은 하고 살아야 한다는 허영심에 가득 차 자신의 처지를 생각하지 않고 집에 과도한 비용을 들어서는 안 된다. 물론 그 비용이라는 것에 절대적인 기준이 있는 것은 아니다. 대문에서 현관까지 차로 5분이 걸리는 대저택에 관리하는 인원만 수십 명이라고 해도 그것을 유지하는 데 전혀 무리가 없다면 그에게 대저택은 '집'이다. 20평짜리 아파트에 살면서 매달 대출이자를 내는 것만도 버겁다면 그에게 집은 '짐'이다. 주소지는 강남이어야 하고, 신혼집은 최소 25평은 되어야 하고, 아이가 생기면 30평 이상으로 옮겨야 하고, 대출을 받는 한이 있어도 반드시 집은 자신의 명의여야 하는 사람이라면 그렇게 살면 된다. 집에서 사는 게 아니라 집을 모시고 살아도 좋다면 말이다.

여러분은 그런 사람이 아니라고 확신한다. 여러분은 주식투자를 하려는 분들이다. 주식투자로 부자가 되고자 하고, 매달 대출이자로 나가는 돈의 새로운 가능성을 보는 분들이다. 그런 분들이 집을 모시고 살 리 없다. 우리는 반드시 기억해야 한다. 집에 월급을 밀어 넣고 있는 동안에도, 그렇게 자산의 대부분을 부동산에 묶어두고 대출이자를 내면서 빈곤하게 살아가는 동안에도 기업은 계속 성장한다.

2013년 이건희 회장이 삼성전자에서 받은 배당금은 약 715억 원이고 계열사를 포함하면 1000억 원을 훌쩍 넘어선다. 정말 엄청난 금액이지 않은가. 이 회장은 삼성전자의 보통주 3.38%와 우

집값은 그대로인데 기업은 매년 10~20%씩 성장한다면
여러분의 돈이 있어야 할 곳은 어디인가.
스스로 경제 성장에서 소외되는 길을 선택할 이유가 없다.
주식투자는 개인적 차원에서 보면 기업 성장의
열매를 공유하는 방법이고, 국가 경제의 차원에서 보면
우리나라 자본시장을 튼튼히 하는 길이다.

선주 0.05%를 보유하고 있다. '고작' 이 정도 지분으로 715억 원을 받아갔다. 혹시 삼성전자의 외국인 지분율이 얼마인지 아는가? 50%에 육박한다. 그들이 배당금을 얼마나 받아갔는지 직접 계산해보시라.

삼성전자만 이런 건 아니다. 이름만 대면 다 아는 상장기업 대부분이 이렇다. 우리나라 사람들이 집을 모시고 사는 동안 우리 기업(우리나라 기업이라고 불러도 좋을지 의문이긴 하다)이 일궈낸 과실, 우리나라 사람들이 코피 흘려가며 만든 과실의 절반을 외국인들이 수확해갔다.

한국거래소에 따르면 2013년 결산 기준(12월 결산법인 440개사)으로 외국인이 우리 기업에 투자해서 가져간 배당금은 모두 4조 3600억 원이다. (문화체육관광부의 2014년 예산이 약 4조 4000억 원이다.) 이 돈이면 연간 1000만 원의 등록금을 내는 대학생 86만여 명이 1년 동안 반값으로 학교를 다닐 수 있다.

글로벌 시대에 내국인, 외국인 나누는 게 촌스럽다면 개인적인 차원에서 봐도 된다. 집값은 그대로인데 기업은 매년 10~20%씩 성장한다면 여러분의 돈이 있어야 할 곳은 어디인가. 스스로 경제 성장에서 소외되는 길을 선택할 이유가 어디 있는가. 주식투자는 개인적 차원에서 보면 기업 성장의 열매를 공유하는 방법이고, 국가 경제의 차원에서 보면 우리나라 자본시장을 튼튼히 하는 길이다. 좀 더 많은 사람들이 어딘가에 묶여 있는 자산을 기업에 투자한다면 외국인이 빠져나가고 있어 큰일이라느니 하는 뉴스는 덜 볼 수 있다. 공유한 열매 중 일부는 소비할 테니 내수 경기도 좋아지거나 안정될 것이다. 일자리가 늘어나는 건 당연한 수순이다. 외국인 투자자들이 받아가고 있는 배당금을 우리 국민이 받아서 소비한다면 국내 경기가 어떻게 될지 상상해보시라.

볍씨 한 톨의 가능성에 집중하라

나는 부자다. 사람들도 나를 그렇게 부르고, 언론에서도 그렇게 말하며, 나도 부정하지 않는다. 자가용 비행기를 몰고 다닐 정도는 아니지만(그런 것에는 관심도 없다) 하고 싶은데 돈이 없어서 못 하는 일은 없다. 어릴 때 워낙 가난하게 자라서인지, 아니면 타고난 성향이 그래서인지 모르겠지만 남들에게 화려하게 보이는 것에도 별 취미가 없고 좋아하는 것들도 대체로 소박하다. 그래서 큰돈을 지출할 일이 별로 없다. 다만 돈으로 마음을 표현해야 하는 상황이 오면 주저하지 않고 '마음껏' 쓴다.

'부자란 무엇인가?'라는 질문은 '부자가 되면 무엇이 좋은가?'라는 질문과도 상통한다. 누군가 나에게 이런 질문을 던지면 나는 "마음을 있는 그대로 내보일 수 있는 것이 부자이고, 그것이 부자가 되어서 좋은 점"이라고 답한다.

어떻게 마음을 돈으로 환산할 수 있느냐고 말하는 사람도 있지만 조금만 더 생각해보면 내 이야기가 무슨 뜻인지 알 수 있을 것이다. 예를 들어 20년 지기 친구가 아파서 병원에 입원했다고 하자. 친구들 중 누구는 치료비에 보태 쓰라고 200만 원을 줬고 또 다른 누군가는 100만 원을 줬다. 액수가 두 배 차이가 나므로 우정의 크기도 두 배 차이가 나는 것일까? 아니다. 내가 말하는 비교 대상은 친구가 병원비 걱정을 하고 있을 때 '이만큼은 도와주고 싶다'라고 생각한 금액과 실제로 건네주는 돈의 액수다. 결혼이나 문상 등 돈으로 마음을 표현하는 일들은 부지기수다. 부자가 아닐 때는 '이만큼'에 비해 부족할 때가 많았다. 돈의 검열을 거쳤기 때문이다. 그러나 지금은 검열의 과정 없이 마음을 있는 그대로 내보낼 수 있어서 좋다.

재벌닷컴에서 발표한 바에 따르면 내가 2013년 대한민국 400대 부자 안에 들어갔다고 한다. 정확한 등수가 나왔는지 어땠는지는 기억에 없다. 주가는 늘 변하니까 등수가 나왔다 해도 별 의미가 없다. 아무튼 신기하고 놀라운 일이다. 지금의 자리에 오기까지 우여곡절이 많았기에 더욱 그렇다.

전라북도 장수, 그 시골에서 우리 집은 '한 끗' 더 가난한 집이었다. 마을의 다른 집들과 떨어져 있어서 전기도 더 늦게 들어왔다. 그런 곳에서 고무신 신고 상경해 섬유가공 공장, 신문팔이, 방통고를 거쳐 대학에 들어갔다. 대학 때부터는 비교적 수월하게 살았

다. 4년 전액 장학금에 매월 10만 원의 보조금까지 받았다. 1997
년 서른일곱의 나이에 교보증권 압구정지점장을 맡기까지 큰 굴곡
없이 살았다. 그런데 1997년 말에 크나큰 위기가 닥쳤다. 1988년
에 취업을 했으니 10년 가까이 직장생활을 하고 있을 때였다.

나는 맞벌이를 하면서도 살림까지 알뜰살뜰하게 했던 아내와
함께 주식투자로 얻은 수익금을 차곡차곡 모으며 자산을 불려나
갔다. 두 딸과 아내, 그리고 나는 어머니 명의로 사드린 집에서 평
온한 삶을 누리고 있었다. 그대로만 가면 큰 부자는 아니어도 돈
걱정을 하면서 살지는 않아도 되었을 것이다. 그런데 1997년 국
가적 재앙이 터졌고 이 재앙은 대한민국의 많은 가정을 덮쳤다. 나
도 예외는 아니었다. 고객들에게 냉정하게 대응했다면 찰과상 정
도의 피해만 입을 수도 있었다. 하지만 내 권유에 따라 투자했다
가 손해 본 고객들을 외면하지 못했다. "제가 권유는 했지만 최종
결정은 고객님이 하셨잖아요"라고 말하는 대신 내 재산으로 고객
들의 손실을 보전해주었다. 어머니께 사드렸던 집도 팔았다. 탈탈
털고 나니 사글세를 얻을 돈밖에 남아 있지 않았다.

이것이 1998년 초의 내 자산 상태였다. 이후에도 직장생활을 계
속했고 주식투자도 쉬지 않았다. 그렇게 거의 제로에서 조금씩 자
산을 불려 나가던 중에 기회가 찾아왔다. 2001년 9.11 테러가 그
것이다. 그때 직장을 그만두고 전업투자자로 나섰다. 단기간에
폭락한 주식들을 매수했고 1년도 지나지 않은 시점에 큰 수익으로
돌아왔다. 사글세를 살던 처지에서 400대 부자가 되기까지 약 15

년 정도 걸린 셈이다. 나도 당시에는 내가 이렇게 되리라고는 꿈에도 상상하지 못했다.

이것이 투자와 시간이 만들어내는 기적이다. 나는 여러분의 종잣돈이 얼마인지 모른다. 지금 당장 만들 수 있는 돈은 몇 십만 원에 불과할 수도 있고 몇 백만 원일 수도 있다. 하룻밤 마음놓고 친구들과 술을 마시면, 한 열흘 편안한 해외여행 한 번 다녀오면 없어지는 '소소한 액수'의 돈일 것이다.

그러나 그 돈에 '종자'라는 단어를 붙이면 가치가 달라진다. 종자라는 게 원래 그렇다. 볍씨 한 알을 심어 열매를 추수하고 그것을 다시 뿌리기를 반복하면 몇 년 지나지 않아 곳간을 채울 곡식으로 불어난다. 종자와 시간과 노력이 이 기적의 원천이다. 낯 뜨거운 내 자랑을 길게 한 것도 여러분에게 이 기적을 보여주고 싶었기 때문이다. 기적의 시작은 의외로 쉽다. 당장 주식 계좌를 개설하고 단돈 10만 원이라도 넣는 것이다.

●

반드시 여윳돈으로 꾸준히 투자하라

일상생활에서 투자할 기업을 찾고, 공부하고, 기업과 소통하는 주식투자자로서의 일들이 여러분에게 즐거움이 되었으면 한다. 그런 즐거움이 내가 지금도 주식투자자로 살아가고 있는 이유 중 하나다. 오로지 돈이 불어나는 즐거움만 있고 투자자로서 하는 모든 일들이 즐거움은커녕 고통만 주었다면 나는 진즉에 한량처럼 살았을 것이다.

그렇다고 해서 언제나 콧노래가 절로 나올 만큼 즐겁기만 한 것은 아니다. 때로는 힘들다. 투자한 기업의 경영자와 소통이 안 될 때는 답답하다. 자기 이익만 챙기는 대주주이자 경영자를 만나면 화가 난다. 그래도 즐거움이 그 기반에 깔려 있고 투자자로서의 책임감, 사명감도 있다.

가만히 앉아만 있어도 땀이 흐르는 한여름, 여의도 공원에서 농구를 하는 젊은 친구들에게 힘드냐고 물으면 그렇다고 답할 것이다. 그러나 괴로우냐고 물으면 나를 이상한 눈으로 바라볼 것이다. 왜 이 더운 날에 농구를 하느냐고 물으면 "재미있으니까"라는 답이 돌아올 것이다. 나는 여러분에게 주식투자가 힘들지만 괴롭지 않은 것, 그리고 재미를 주는 것이 되기를 바란다.

종잣돈을 점차 늘려가는 데서도 이런 즐거움을 누리기를 바란다. 빤한 월급에서 매달 일정액을 추가로 만들어낸다는 것이 쉬운 일은 아니다. 신비롭게도 월급은 얼마를 받든 늘 10%쯤 부족하다. 직장인 두 명 중 한 명이 17일 안에 월급을 다 쓴다는 설문조사를 본 적이 있다. 그 이후에는 열에 일곱이 카드로 생활한다고 한다. 알뜰하게 살아보겠다며 모처럼 큰마음 먹고 재정 계획을 짜기라도 하면 의외의 복병이 나타나 지출을 요구한다.

어떻게 매달 종잣돈을 만들 수 있을까. 나에게도 묘책은 없다.

지금 여러분이 마련할 수 있는 투자금은 주먹보다 작은 알이다.
여기에 적절한 열과 필요한 시간이 결합하면 아기 새가 된다.
아기 새에게 부지런히 벌레를 물어다 주면 독수리가 된다.
종잣돈은, 그리고 투자는 여러분에게 독수리의 알과 같은 것이다.
처음에는 열심히 돌봐야 하지만
어느 순간 여러분에게 돈으로부터의 자유를 선물한다.

가계부를 써야 한다는 것, 종잣돈을 먼저 제하고 지출 계획을 짜라는 빤한 답이 전부다. 다들 한두 번쯤은 가계부를 써봤을 것이다. 경리처럼 칼같이 맞추지는 못해도 전반적인 지출 내역은 뽑을 수 있다. 뭔가 줄일 구석이 있던가? '월급이 오르는 것 외에는 방법이 없다'라는 결론에 도달했을 것이다. (나중에 월급이 오르고 나면 알게 된다. 그만큼 나이를 먹고 직급이 올라가면 쓸 돈도 더 많아진다는 것을.)

내가 해줄 수 있는 조언은 고통스럽더라도 기꺼이 줄이라는 것뿐이다. '이런 일쯤에는 얼마든지 돈을 안 쓸 수 있어'라는 가벼운 마음으로 줄일 수 있는 지출은 없다. '이것까지 줄여야 해?'라는 항목에 기꺼이 빨간 줄을 그을 수 있어야 종잣돈 마련이 가능해진다. 고통스러운데 어떻게 기꺼울 수 있을까. 미래를 상상할 수 있는 인간 고유의 능력을 발휘해보시라.

적금을 붓듯 종잣돈을 늘려가다 보면 '무슨 부귀영화를 누리겠다고 고작 이 정도 돈 가지고 갈등하나?' 하는 마음이 들기 쉽다. 하지만 미래를 상상할 수 있다면 달라진다. 지금은 '고작' 10만 원밖에 안 되는 돈이 미래에는 '무려' 100만 원이 된다는 상상. 10만 원에서 100만 원을 볼 수 있다면, 100만 원에서 1000만 원을 볼 수 있다면 고통스러워도 기꺼이 줄일 수 있다. 100만 원을 상상하지 못하면 매달 불입하는 종잣돈은 스트레스일 뿐이다. 그러면 길게 가지 못한다.

나는 여러분이 종잣돈을 모을 때 기꺼움보다 고통이 조금 더 컸으면 좋겠다. 그래야 좀 더 치열하게 공부하고 신중하게 투자할 테니까 말이다. 다행히 1년에 한두 달은 '방탕'해져도 된다. 적금은 밀려서라도 꼭 다 내야 하지만 증권 계좌는 다르다. 조금 느리더라도, 가끔 쉬더라도 끝까지 포기하지 않는 것이 중요하다.

앞서 이야기한 것과 같이 나는 IMF 사태 이후 거의 제로에서 다시 시작했다. 어떻게든 내 가정을 지켜야 한다는 책임감을 강하게 느꼈고 어떻게든 잘 살아보겠다는 희망을 놓지 않았다. 자신감도 있었다. 2001년 9.11 테러가 발생했을 때 많은 사람들이 주식을 매도하기에 바빴지만 나는 그동안 봐두었던 기업들의 주식을 오히려 사 모았다. IMF 사태가 준 혹독한 시련이 세상과 주식투자에 대한 새로운 시각을 갖게 해준 것이다. 6개월 후에는 자산이 2~3배가량 불어났다. 그리고 IMF 사태가 일어났을 때 가입했던 증권저축 3000만 원은 9.11 테러 당시 3억 5000만 원까지 불어났는데, 이것이 내가 전업투자자로 도약할 수 있는 발판이 되어주었다.

종잣돈을 처음 모으기 시작할 때는 액수도 적고 더디게 불어나는 것 같지만 시간이 지나면 어느 순간 눈덩이처럼 커진다. 이것을 '스노볼(Snowball) 효과'라고 한다. 주먹만 한 크기의 눈덩이를 계속 뭉치고 굴리다 보면 가속도가 붙으면서 어느새 자신보다 더 커져 있는 눈덩이를 발견하게 되는 것이다.

　내 경험에 따르면 투자금이 5000만 원이 될 때까지는 돈을 불리는 것이 참 더디게 느껴졌다. 수익을 내고 매달 돈을 넣는데도 큰 차이가 없는 것처럼 보였다. 그런데 5000만 원이 모인 이후에는 나도 놀랄 정도로 속도가 붙었다. 100만 원이 200만 원이 되는 것과 1000만 원이 2000만 원이 되는 것은 똑같이 두 배가 되는 것이지만 의미는 완전히 다르다.

　그렇다고 해서 일단 5000만 원부터 만들고 보자는 생각에 수단과 방법을 가리지 않고 종잣돈을 마련하는 어리석음을 범하지는 마시라. 대출을 받아 마련한 돈이나 두세 달 후에 써야 할 돈으로 투자를 하면 여러분의 마음은 매순간 진흙탕에서 뒹굴게 될 것이다. 그리고 그런 마음으로는 올바른 판단을 내릴 수 없다. 특별한 일이 생기지 않는 한 최소 5~6년은 없어도 되는 돈으로 투자를 해야 한다. (욕심을 좀 내자면, 은퇴할 때까지 없어도 되는 돈이 제일 좋겠다.)

　나는 여러분이 투자금을 볍씨와 같은 것으로 여겼으면 한다. 파종하기 전까지 볍씨는 찧기만 하면 밥을 지을 수 있다. 그러나 일단 뿌리고 나면 먹지 못한다. 가을이 되고 벼가 여물 때까지 기다려야 한다. 벼가 여물어가는 것이 보이는데 당장 식량이 없다면? 헐값에 파는 수밖에 없다. 부디 차근차근 종자돈을 불려나가는 즐거움을 맛보시기 바란다.

지금 여러분이 마련할 수 있는 투자금은 주먹보다 작은, 참으로 하찮은 알이다. 여기에 적절한 열과 필요한 시간이 결합하면 아기 새가 된다. 아기 새에게 부지런히 벌레를 물어다 주면 스스로 날 수 있는 독수리가 된다. 종자돈은, 그리고 투자는 여러분에게 독수리의 알과 같은 것이다. 처음에는 열심히 돌봐야 하지만 어느 순간 여러분에게 돈으로부터의 자유를 선물한다.

내가 가진 자본은 나의 일꾼이다

언젠가 어느 TV 방송에 대학교수님이 나와서 이렇게 말하는 것을 본 적이 있다.

"여러분, 절대로 주식투자는 하면 안 됩니다."

'절대로 하면 안 되는 일'을 직업으로 삼고 있는 나는 뭐지? 그의 말에 따르면 주식투자는 외국인만 해야 하는 것이다. 연기금 등 기관 투자자 역시 국민의 돈으로 운용되는 것이므로 주식투자를 하면 안 된다. 도대체 어쩌자는 것인지 황당했다. 대주주가 가지고 있는 지분을 빼고는 전부 외국인에게 넘겨주자는 말인데, 이는 국가 경제를 말아먹을 발언이다. 사회자와 방청객들까지 "아~" 하면서 고개를 끄덕이니 화가 날 지경이었다.

당장 나 혼자 먹고살기도 급한데 국가 경제까지 어떻게 신경 쓰느냐고 할 수 있다. 맞는 말이다. 아무리 국가 경제가 여러분이 먹고사는 것을 결정한다고 해도 국가 경제를 위해 개인이 희생해야 한다는 논리에는 나도 반대한다. 그런데 주식투자를 하는 것은 개인을 희생하는 것이 아니다. 투자자에게도 좋은 일이다.

나는 여러분이 억울함을 느껴야 한다고, 억울함을 느끼는 게 당연하다고 생각한다. 삼성전자가 만든 핸드폰을 쓰면서, LG에서 제공하는 이동통신망을 이용하면서, 현대차를 타고 SK주유소에서 기름을 넣으면서, 무엇이든 너무 비싸다고 말하면서 한 번도 그 돈을 돌려받을 수 있는 방법에 대해서는 생각해보지 않은 것이다. 그 방법이 뻔히 눈앞에 있는데도 말이다.

아직 주식투자를 하지 않은 분들은 월급만 받는 종업원으로 살아온 것이다. 왜 종업원으로만 살려고 하는가? 많은 직장인들이 은퇴를 하고 나면 피치 못할 선택으로 식당 사장이 되고 치킨집 사장이 된다. 그리고 그들 중 90%가 1년 이내에 폐업하거나 전업한다. 그런데 창업을 하지 않아도, 심지어 회사를 다니면서도 기업의 주인이 될 수 있는 방법이 있다. 게다가 그 대상은 수많은 전문가들이 모여 있는 기업이다. 여러분은 식품업체 주인이 될 수도, 자동차 회사의 주인이 될 수도 있고 정유회사의 주인이 될 수도 있다. 심지어 여러분이 24시간 사용하고 있는 전력회사의 주인도 될 수 있다.

종업원은 일한 것보다 적은 월급을 받는다. 그 차액은 회사의 주인이 가져가는데, 그는 개인일 수도 있고 주주라는 집단일 수도 있다. 아직도 억울하지 않은가. 이쯤 되면 주식투자를 하지 않고 지내온 세월이 억울해서 못 견딜 지경이 되어야 한다.

'돈이 돈을 버는 더러운 세상'이라고 욕하고 계신가. 우리는 자본주의 사회에 살고 있다. 자본을 중심으로 돌아가는 세상에서 살고 있는 것이다. 다른 부분은 몰라도 적어도 경제적인 문제에 대해서는 자본을 중심으로 사고해야 한다. 그래야 부자가 될 수 있다. 풍족한 자본을 가진 사람이 되고 싶다면 자본주의 원리에 따라야 한다. 상상은 안 되지만 만일 우리가 '노동주의 사회'에 살고 있다면 열심히 일만 하면 될 것이다. 노동을 중심으로 돌아가는 세상이니까 말이다.

한 개인의 시간과 에너지의 양은 한정되어 있다. 노동력이라는 수단으로 돈을 버는 것에는 한계가 있다는 뜻이다. 한 해 연봉이 수백억 원씩 되는 외국의 스포츠 스타들 역시 액수가 커서 의식하지 못할 뿐 한정되어 있기는 마찬가지다. 그러나 자본은 다르다. 내가 노동을 쉬는 중에도 일을 할 수 있다. 거칠게 비유하면, 내가 가진 자본은 나의 일꾼인 셈이다. 물론 '투자'라는 행위가 그 조건이다. 여러분의 일꾼은 지금 어디에서 무엇을 하고 있는가?

●

졸고 있는 돈을 깨워라

식사시간마다 손님들이 길게 줄을 서는 식당이 있다. 얼마나 맛이 있는지 멀리서도 소문을 듣고 온다. 지역의 명물이 된 지 오래고, 덕분에 인근의 상권이 살아날 지경이다. 그런데 식당에 테이블이 10개밖에 되지 않는다. 동시에 받을 수 있는 손님의 수는 40명. 열심히 요리를 내놔도 줄을 섰던 사람 중 절반은 기다리다 지쳐 돌아간다. 먹고는 싶지만 차례만 기다리다 돌아가게 될까 봐 오지 않는 손님이 많다는 소문도 들린다. 이때 식당 주인이 할 일은 무엇일까?

사람들이 내 식당 앞에 줄을 서 있는 게 보기 좋다? 맛있는 밥을 먹고 싶으면 더 일찍 와라? "식사는 빨리"라고 써 붙인다?

식당 사장이 그동안 번 돈을 어떻게 했을지 생각해보자. 금고에 쌓아뒀을 수도, 적금을 들었을 수도 있다. 땅을 사거나 보험을 들거나 주식투자를 했을 수도 있다. 경제적으로 봤을 때 어디에 돈을 쓴 것이 가장 합리적일까? 적금? 땅? 주식투자? 아니면 골고루 배분해 포트폴리오를 짜는 것? 이 중에는 정답이 없다.

'더 많은 손님을 받는 건 왠지 싫어'라는 마음이 아니라면 식당을 확장하는 것이 상식이다. 이렇게 장사가 잘된다면 주식투자를 하는 것보다 투자 대비 수익률이 높을 것이다. 식당 확장이 끝난 후에 모이는 돈은 어떻게 하는 것이 좋을까? 전문가를 고용해 프랜차이즈 사업을 하는 것이 더 낫다. 만약 이 식당의 사장이 여러분의 친구인데, 돈을 금고에 넣어두고 저녁에는 취미로 돈방석을 만든다면 뭐라고 충고하겠는가.

"이렇게 장사가 잘되는데, 당연히 확장을 해야지. 투자 좀 해.

돈 그거 금고에 놔두면 뭐하니!"

금고에 있는 돈은 아무 일도 하지 않는다. 따라서 돈의 액수는 늘 그대로다. 물가 상승을 감안하면 오히려 줄어들고 있다. 완벽한 숙면 상태에 있는 것이다. 은행 통장에 있는 돈의 상태는 어떻게 표현할 수 있을까? 이자와 물가상승률이 거의 비슷하니까 꾸벅꾸벅 졸고 있는 상태라고 할 수 있다. 그렇다면 보험의 상태는? 종신보험의 경우 언젠가 한 번은 화들짝 깨어나서 단번에 많은 일을 하겠지만 그 전에 깨우면(해약하면) 마이너스다.

적금 깨고 보험 해약해서 모조리 주식투자하라는 말은 절대 아니다. 적금, 보험, 주식투자의 비율은 각자의 성향에 따라 달라진다. 로우 리스크 로우 리턴(Low Risk Low Return), 하이 리스크 하이 리턴(High Risk High Return). 안전성에 절대적인 무게를 둔다면 주식투자는 하지 않는 것이 좋다. 그 인생이 과연 안정적으로 흘러갈지는 의문이지만 말이다. (나는 주식투자가 하이 리스크라고 생각하지 않는다. 다만 하이 리스크일 수밖에 없는 방식으로 '투기'를 하는 사람이 있다고 생각한다. 내가 하는 주식투자의 기본은 리스크를 낮추는 것이다. 물론 파생상품은 '울트라 하이 리스크'다.)

첨언을 하자면 보험은 한번 점검해보기를 권한다. 보장 조건이 마음에 들고 꼭 필요하다고 생각하는 보험이라면 유지해야 하지만 아는 사람이 부탁해서 들어준 보험이라면 해약하는 것이 옳다. 아는 안면에 어떻게 그러냐고? 아는 안면을 이용해 강매하는 건 괜찮은가? 10원이든 100원이든 여러분의 돈에 대한 지출 권한은 금고에 있는 돈은 아무 일도 하지 않는다.
완벽한 숙면 상태에 있는 것이다.
그러나 기업에 투자하면 새로운 부가가치를
창출하는 데 일조하고 그 대가를 받아올 수 있다.
부자가 되고 싶다면 졸고 있는 돈의 엉덩이를 걷어차라.
월급만 받던 인생에서 투자 수익까지 받는 인생이 될 수 있다.

100% 여러분에게 있다. 부자들은 그 권리를 확실하게 행사한다. 그래서 '있는 놈이 더한다'라는 누명을 쓰는 것이다. 그러나 부자가 아닌 사람들은 걸핏하면 그 권리를 남에게 넘겨준다. 동정심, 자존심, 열등감에 자극되어 원하지 않는 지출을 해서는 안 된다.

여러분의 자본은 가장 많은 수익을 가장 안전하게(완벽한 안전은 없으므로 덜 위험하게) 낼 수 있는 곳에서 일해야 한다. 내가 아는 곳은 기업이고, 그중에서 더 좋은 곳을 찾기 위한 방법이 바로 '농심(農心)투자법'이다. 숙면 상태에 있는, 졸고 있는 돈의 엉덩이를 걷어차야 한다. 돈이 일할 수 있도록, 새로운 부가가치를 창출하는 데 일조하고 그 대가를 받아올 수 있도록 내보내야 한다.

여러분은 주식투자를 통해 기업의 주인이 될 수 있다. 기업이 벌어들이는 이익의 일부를 여러분의 것으로 만들 수 있다. 월급만 받던 인생에서 투자 수익까지 받는 인생이 될 수 있다. 이제 돈의 엉덩이를 걷어찰 준비가 되었는가?

3장

주식농부의
농심투자

Invest like do farming.

투자의 성공은 원칙이 결정한다

농부처럼 투자하면 누구나 성공할 수 있다. 농부가 씨앗을 고르듯 투자할 기업을 고르고, 농부가 파종할 시기를 선택하듯 투자할 시점을 선택한다. 투자한 뒤에는 농부가 매일 논에 나가 농작물을 돌보듯 기업과 소통하고 동행하며 돌본다. 그리고 파종할 때 세웠던 농업 계획이 완성되었을 때 추수한다. 나의 주식투자는 이런 '농사'의 반복이다. 스스로를 '농심투자' 하는 '주식농부'라 칭하는 이유가 여기에 있다.

농심투자의 순서는 다음과 같다. 업종의 전망을 보고 기업을 찾든, 기업을 먼저 보든 간에 우선 괜찮겠다 싶은 기업을 발견하면 일정한 수의 주식을 매수한다. 절대로 많은 액수가 아니다. 신경은 계속 쓰게 되지만 손실이 나도 크게 속상하지 않은 수준이다.

(그 수준은 각자 다를 것이다.) 그때부터 본격적인 공부를 시작하면서 예의 주시한다. 해당 기업의 주식 담당자와 통화도 하고 그 기업을 아는 주위 사람에게 자문을 구하기도 한다. 긍정적인 소식을 접하면 좀 더 매수한다. 물론 그 사이에 안 되겠다 싶은 정보를 알게 되면 투자를 철회한다. 그렇게 정보를 수집하며 투자액을 서서히 늘려가다가 정말 좋은 기업이라는 판단이 들면 금액을 대폭 늘린다. 이후에도 계속해서 관찰하고 소통한다.

각각의 투자 사례로 들어가면 내용이 좀 더 복잡해지지만 전반적인 순서는 이렇게 흘러간다. 그러다가 기업의 가치가 시장에서 인정을 받아 목표 주가에 도달하면 매도하는 것이다. 이 사이클이 평균 4~5년 정도 된다. 10년 넘게 보유하고 있는 종목도 있으니 투자 기간의 평균을 내는 건 무의미할지도 모르겠다.

내 투자 기간은 다른 투자자들에 비해 훨씬 긴 편이다. 이렇게 긴 시간 동안 등락을 거듭하는 주가에 집중한다면 탐욕과 공포에 시달리다가 그릇된 판단을 내리게 될 것이다. 내가 하는 일은 '동행'과 '소통'으로 요약되는 투자 원칙의 실행이다. (동행과 소통의 개념에 대해서는 뒤에서 자세히 설명할 것이다.)

나는 여러분이 이 책을 포함해 다른 책을 읽을 때도 투자 기법보다는 투자 원칙에 집중했으면 한다. 왜 오랫동안 성공적인 투자를 하고 있는 사람들이 원칙을 강조하는지, 원칙대로 투자할 수만은 없다고 말하는 사람들이 왜 투자에 실패하는지 생각해보기를 바란다.

투자의 원칙뿐만 아니라 인생을 관통하는 원칙들은 그다지 새로울 것이 없다. 다 암기하고 있지는 못해도 한두 번쯤 들어본 것들이다. 그런데도 전 세대에 걸쳐 수많은 사람들에 의해 강조된다. 왜 빤한 원칙들을 강조하는 것일까? 이유는 단순하다. 중요한데도 지켜지지 않기 때문이다. 그렇다면 왜, 지켜지지 않을까?

미리 말해두자면, 그리고 앞으로도 계속 말하겠지만 투자를 하는 동안 여러분은 탐욕과 공포의 습격을 받게 될 것이다. 어떤 기업이 좋아 보여서 일정 수량을 매수했다고 가정해보자. 그 다음에는 그 기업에 대해 공부하고 소통해야 하는데, 왠지 그 사이에 주가가 올라가버릴 것만 같고 몇 개월 하향 곡선을 그리면 다시는 상승 곡선을 그릴 수 없을 것 같다는 생각이 든다. 매수한 이후에는 주가가 떨어질까 봐 두렵고, 매도한 이후에는 주가가 더 오를까 봐 걱정된다. 나는 이것을 탐욕과 공포라는 감정의 장난이라고 말하는데, 감정의 장난에 휘둘리는 순간 현명하고 이성적인 투자는 불가능해진다.

우리는 흔히 친구나 후배의 고민을 들어준다. 그리고 대개 어렵지 않게 조언을 해준다. 자신의 일이 아니기 때문에, 달리 말해 감정의 동요가 없기 때문에 합리적인 조언을 해줄 수 있는 것이다. 그러나 조언을 기가 막히게 하던 사람도 막상 자신에게 같은 일이 닥치면 허둥대는 경우가 많다. 감정의 장난에 휘둘리기 때문이다.

감정은 나쁘다고 말하려는 것이 아니다. 감정은 우리를 인간이게 한다. 우리가 하는 모든 행동은 감정을 만족시키기 위한 것이

매수할 때, 매도할 때, 기업에 대한 판단을 내릴 때
우리는 쉽게 감정적인 상태가 된다. 감정이 앞서는 상황에서
이성을 되찾고 현명한 판단을 내리기 위해서는
뚜렷한 기준이 있어야 한다. 그래서 원칙이 필요하다.
감정에 의한 판단인지, 이성에 의한 판단인지
구별할 수 있는 기준이 원칙이다.

다. 투자의 세계에서도 마찬가지다. 단기투자, 뇌동매매, 정보매매 등 실패하는 투자의 전형적인 행태 역시 그 순간의 감정을 충족시키기 위한 것이다. 투자를 하면서 탐욕과 공포를 느끼는 것, 그 감정을 당장 해결하고 싶은 유혹에 노출되는 것은 지극히 자연스러운 일이다.

인간의 전두엽은 인류를 달에 보낼 만큼 발달했지만 뇌의 다른 부분은 여타 동물과 크게 다르지 않다. 인간의 뇌는 대단하지만, 대단한 실수도 많이 한다. 나는 여러분이 투자를 할 때 스스로의 뇌를 의심해보기를 권한다. 전두엽이 정상적으로 작동하고 있는지, 감정을 관장하는 영역의 지배를 받고 있는 건 아닌지 말이다.

증권시장이라는 제도는 이성의 발명품이다. 따라서 이 시장에서 성공하려면 감정이 아니라 이성이 중심이 되어야 한다. 매수할 때, 매도할 때, 기업에 대한 판단을 내릴 때 우리는 쉽게 감정적인 상태가 된다. 그 상태에서 내리는 판단은 그 순간에는 옳게 느껴질지

몰라도 감정이 잦아들고 나면 금세 잘못된 선택이었다는 게 드러난다. 감정이 앞서는 상황에서 이성을 되찾고 현명한 판단을 내리기 위해서는 뚜렷한 기준이 있어야 한다.

그래서 원칙이 필요하다. 감정에 의한 판단인지, 이성에 의한 판단인지 구별할 수 있는 기준이 원칙이다. 투자와 관련한 어떤 행동을 하려고 할 때 원칙에 어긋난다면 탐욕 혹은 공포의 습격을 받았다고 봐야 한다.

지금부터 '농심투자'로 이름 붙인 나의 투자 원칙들을 이야기할 것이다. 이 원칙들은 탐욕과 공포의 습격으로부터 여러분을 지켜줄 것이다. 부디 입에 발린 소리로, 점잖은 척하려는 말로 치부하지 말고 그 의미를 되새겨보기 바란다. 20년 넘게 주식시장에 있으면서 단기투자도 해보고 온갖 기법들을 다 동원해서 투자해봤던 사람이 왜 다시 원칙으로 돌아왔는지 생각해보시기 바란다.

투자는 기업과의 동행이다

여러분 주위에도 주식투자를 하고 있는 직장 동료나 친구가 한두 명쯤은 있을 것이고, 주식에 대한 이야기도 들어봤을 것이다. 지금까지 내가 만난 일반 투자자의 대체적인 성향에 따라 여러분이 들었을 대화 내용을 추정해보면 다음과 같다.

"어떤 종목 갖고 있어?"

"○○ 주식회사."

"얼마나 됐는데?"

"아직 한 달 안 됐지, 아마."

"좀 땄냐?"

"그럼!"

"와! 얼마나?"

"많이는 아니고 조금 땄어."

"팔아!"

조금 과장됐을 수는 있지만 이 범주에서 크게 벗어나지 않으리라 생각한다. 말이 주식투자이지, 실제로는 도박과 똑같이 인식한다는 걸 알 수 있다. 예나 지금이나 도박은 패가망신의 지름길이다. 도박으로 성공했다는 사례를 본 적이 있는가? 주식투자를 도박이라 정의하고 도박처럼 하면서 성공하기를 바라는 건 어불성설이다. 무슨 일을 하든 그 일에 대한 올바른 정의를 내려야 한다. 그래야 제대로 해낼 수 있다.

내가 생각하는 투자의 정의를 이야기하면 비현실적이라며 손사래 치는 사람도 있고 철없는 소리라며 비웃는 사람도 있다. 주식투자는 그렇게 하는 게 아니라며 되레 나를 가르치려고 하는 사람도 없지 않다. 답답하고 당황스럽기는 하지만, 그래도 이런 태도를 보이는 경우 대화를 이어갈 수는 있다. 그러나 '예예, 알겠습니다'라는 식의 반응을 보이면 더 이상 대화하기가 힘들어진다. 뭔가 꿍꿍이가 있으면서 위선을 떨며 거짓말을 하고 있다고 생각하기 때문이다.

주식투자는 기업과 소통하고 동행하면서 성장의 과실을 공유하는 것이다.

이것이 주식투자에 대한 내 정의이자 철학이다. 내게 주식투자는 주가를 보면서 하는 혼자만의 통곡이 아니라 기업과의 동행이다. 잘 알지도 못하는 사람과 동행할 수는 없다. 호랑이도 나오고 산적도 출몰하는 험한 산을 미스터리한 인물과 함께 넘을 수는 없지 않은가. 믿을 만한 사람인지, 호랑이나 산적을 만났을 때 혼자 내빼지 않을 사람인지 알기 위해선 대화를 해봐야 한다. 대화, 즉 소통은 동행의 전제 조건이다. 무사히 산을 넘은 다음에는 함께 지고 갔던 물건을 팔아 이문을 남기고 그것을 나눠 갖는다.

주식투자에 대한 이와 같은 내 의견을 밝히면 상당수의 사람들이 세상을 너무 순진하게 본다고 여긴다. 여러분도 비슷한 생각을 하진 않을지 걱정된다. 그러나 나는 지금까지 이러한 철학을 바탕으로 투자를 해왔고, 대부분의 경우 만족스러운 성과를 얻었다.

결국 주식투자의 핵심은 기업의 본질을 파악하는 데 있다. 누군가 주식투자를 했다고 하면 자세한 기업 현황까지는 아니더라도 최소한 이 정도 질문은 할 수 있어야 한다.

"그 기업의 경쟁력은 뭔데? 업종 전망은 어때? 주주총회에는 가봤어? 경영자는 어떤 사람이야?"

반대로 "좀 땄냐?"라는 질문을 받았다면 "수급에 따라 몇 %는 얼마든지 오르내리잖아. 지금 성장기에 접어들고 있다는 게 중요한 거야"라는 대답 정도는 해줘야 도박이 아니라 투자를 한다고 말할 수 있다. 도박은 패를 10만 번 돌려도 어떤 가치도 생산되지 않는다. 따라서 다른 사람의 돈을 빼먹을 수밖에 없다. 그러나 주식투자는 다르다. 기업의 성장에 따른 성과를 나누는 것이기에 '원

윈(Win-Win)'할 수 있다.

주식시장에는 똑똑한 사람들이 정말 많다. 좋은 학벌에 각종 자격증으로 무장한 그들은 복잡한 데이터를 종합, 분석해 미래를 예측한다. 농부처럼 투자하라는 농심 철학은 그들에게 답답해 보이기도 할 것이다. 비유를 하자면 그들은 과일이 무르익은 나무를 찾아 재빠르게 이동하는 것이고, 나는 나무 하나를 지정해 과일이 익을 때까지 가꾸면서 기다리는 방식이다. 재빠르게 이동하는 쪽이 훨씬 더 높은 수익률을 달성할 것 같겠지만 현실은 다르다. 현란한 기술을 구사하는 그들보다 호미자루 하나 쥐고 밭에 나가는 나의 수익률이 더 높다. 왜냐하면 수시로 '손실'이라는 썩은 과일을 먹을 뿐만 아니라 나무와 나무를 이동할 때마다 수수료라는 비용이 들기 때문이다.

물론 농부처럼 투자하는 것이 마냥 쉽지만은 않다. 농작물이 그렇듯 시간이 얼마간 지나야 하고 땀 흘리며 가꾸어야 한다. 열심히 농사짓고 있는 내 옆에서 큰 수고도 없이 농작물을 한 아름 수확해가는 이웃도 자주 본다. 오래도록 열매를 맺지 못하는 나무를 만날 때도 있다. 그러나 장기적으로 보면 농심투자가 주식투자의 정도(正道)임을 안다. 여러분 역시 이 책을 덮은 후에는 나와 같은 생각을 하게 될 것이다.

모든 원칙은 시험에 든다. 잠깐만 원칙을 깨면 이익을 볼 것만 같은 생각이 드는 것이다. 하지만 그러다 보면 개미구멍이 난 댐처럼 결국 원칙은 무너지고 도박꾼이 되어버린다. 당장은 손해를 보는 것 같더라도 반드시 지켜야 하는 것이 원칙이다. 긴 시간을 두고 보면 그것이 성공하는 길이다.

부디 조바심 때문에, 질투심 때문에 원칙을 저버리는 일이 없기를 바란다. 주식투자는 일확천금을 노리는 도박이 아니다. 꾸준하게 공부하고 기업과 소통하는 사람이 성공하는 곳이 주식시장이다. 이 원칙이 오늘의 나를 만들었다.

●
주가 창을 보지 말고 기업을 보라

어떤 사람이 사업을 시작했다. 편의상 IT 업종이라고 하자. 그는 괜찮은 기술과 사업 계획을 가지고 있다. 그런데 일을 벌려놓고 보니 돈이 좀 부족해서 친구에게 사업자금을 투자받는다. 그리고 나서 일주일이 지났을 때, 친구에게 전화가 온다.

"수익은 좀 났어?"

"아니, 아직 제품 개발….'

"알았어."

친구는 상황 설명은 듣지도 않고 전화를 끊는다. 그리고 다시 일주일이 지나서 또 전화가 온다.

"수익은 좀 났어?"

"아니, 이제 겨우….'

"알았어."

이번에도 친구는 설명을 듣지 않으려고 한다. 답답해진 그는 친구에게 사업의 진행 상황을 설명하려고 한다. 친구이기는 하지만 엄연한 투자자니까 설명할 의무가 있다고 생각한다.

"설명을 좀 들어봐. 1차 개발은 됐는데, 시험을 해봐야 해. 이게 어떤 프로그램이냐 하면…."

"아냐, 됐어. 설명한다고 내가 아니? 다음에 또 전화할게."

자, 어떤가. 머지않아 이 두 사람 사이에 벌어질 일이 그려지지 않는가.

"야! 너 돈 가져다 쓰고 일도 제대로 안 하는 거 아냐? 그럴 거면 돈 돌려줘!"

상당수의 투자자들, 특히 '개미'라고 일컬어지는 개인 투자자들이 이 사례의 '투자한 친구'와 같은 행태를 보인다. 이들은 대개 투자한 기업이 어떤 사업을 어떻게 진행하는지에 대해서는 관심이 없다. 그 기업에서 생산, 판매하는 상품이나 서비스가 무엇인지 정도만 파악하고 간략하게 정리된 재무제표를 본 뒤 알아야 할 건 다 알았다고 생각하고 투자를 한다. (정확한 표현은 '투기'다.)

상황이 이러니, 매출은 늘었는데 수익률이 낮아지는 현상이 발생해도 그 원인이 원재료 가격의 상승 때문인지, 설비투자를 했기 때문인지 모른다. 업종 전망이 밝다는 것까지는 알지만 경쟁사들 사이에서의 위상은 모른다. 일시적인 수급 때문에 오르락내리락하는 것 외에 지속적인 하락이나 상승의 원인을 모르니 이래저래 불안하다. 그래서 주가가 오르면 '팔았는데 더 올라가면 아까워서 어쩌지?' 해서 마음이 편치 못하고, 그 반대면 '이러다가 완전히 바닥까지 가는 거 아닐까?' 해서 불안하다. 이래서는 '동행하는 투자'가 불가능하다.

수많은 개인 투자자들의 '기가 막힌 전략'이 있으니, 바로 주가가 낮은 기업을 선택하는 것이다. 나는 지금 저평가된 기업을 말하는 것이 아니다. 저평가되었다는 판단이 들면 당연히 투자를 하고 제대로 평가받을 때까지 기다려야 한다. 이럴 때는 동행 투자가 가능하다. 그러나 여기서 말하는 '주가가 낮은 기업'이란 말 그대로 주당 가격이 상대적으로 낮은 기업이다.

'10만 원짜리 주식은 비싸서 못 사. 100만 원으로 그거 사봐야 10주밖에 못 사잖아. 그 돈으로 1만 원짜리를 사면 100주를 살 수 있어.'

정말 이상한 셈법이다. 여기에는 주가의 기준이 되는 '기업'에 대한 생각은 빠져 있다. 물건의 가치는 생각하지도 않고 단지 싸다는 이유로 그냥 사는 것이다. 유치원생이 군것질을 할 때도 이보다는 나은 기준으로 과자를 산다. 만약 삼성전자가 50만 원이라면 그것도 비싼가? 곧 상장폐지될 기업의 주가가 100원이라면 싼가?

주식투자를 해본 적 없는 분들은 '설마 그렇게 바보 같은 기준으로 투자를 할까' 싶을지도 모르겠다. 그러나 사실이다. 2013년 한국거래소가 외국인·기관 투자자와 개인 투자자의 평균 매수 단가를 조사해 발표했다. 2007년 1월부터 2013년 3월까지 외국

> 기본적으로 주식투자라는 행위에는
> 기업의 미래에 대한 예측이 포함되어 있다.
> 따라서 기업의 역사도 보고, 경영자의 역사도 보고,
> 그 기업이 속해 있는 업종의 역사도 봐야 한다.
> 이런 과정을 거치지 않은 모든 행위는 투자가 아니라 투기다.
> 도박이라는 말이다.

인과 기관 투자자의 평균 매수 단가는 4만 5100원이고, 개인 투자자들은 9620원이었다. 당연히 수익률에서도 큰 차이가 났다. 2010년, 2011년, 2012년에 외국인, 기관, 개인이 순매수한 상위 10개 종목의 연평균 수익률을 보면 외국인(51.7%, 0.7%, 5.6%)과 기관(60.1%, 12.5%, 16.7%)이 수익을 낼 때 개인(9.7%, -34.3%, -28.4%)은 2010년을 빼고는 막대한 손실을 보았다.

위 상황과는 반대로 '투자한 친구'의 인내심이 지나치게 강하거나 무관심하다면 어떻게 될까? 사업하는 친구가 양심적이라면 다행이지만, 그렇지 않으면 회사가 전혀 수익을 내지 못하는데도 회사 돈으로 차도 사고 아내 명의로 집도 사는 신비로운 현상이 벌어질지 모른다. 장은 묵어야 제맛이라며 투자를 해놓고 나 몰라라 하는 태도 역시 좋지 않다.

기본적으로 주식투자라는 행위에는 기업의 미래에 대한 예측이 포함되어 있다. 기업이 현재보다 성장하면 주가는 상승할 것이고

쇠락하면 주가는 하락할 것이다. 물론 기업의 성장이 주가에 즉각적으로 반영되지는 않는다. 하지만 장기적으로 보면 주가는 반드시 기업의 성장과 쇠락을 반영한다. 그렇다면 우리는 기업의 미래를 어떻게 예측할 것인가? 그 기업의 과거와 현재를 봐야 한다. 그래서 기업의 역사도 보고, 기업을 이끄는 경영자의 역사도 보고, 그 기업이 속해 있는 업종의 역사도 봐야 한다. 이런 과정을 거치지 않은 모든 행위는 투자가 아니라 투기다. 도박이라는 말이다. 기업의 가치를 읽고 미래를 예측하는 방법은 5장에서 자세히 살펴볼 것이다.

기업의 현재를 읽고 미래를 예측하며 공부하는 사이에 주가가 상승해버릴까 봐 불안하기도 할 것이다. 하지만 기회는 다시 온다. 주식시장의 격언 중에 '버스를 보내면 택시가 오고, 택시를 보내면 비행기가 온다'라는 말이 있다. 기회인 줄 알고 덥석 물었다가 낭패 보는 일이 많으니 신중하게 선택해도 늦지 않다는 말이다.

투자자도 기업가다

"우리 회사는 오늘 역사적인 창업을 했습니다. 앞으로 6개월 이내에 수익을 내지 못하면 폐업하겠습니다. 내년에는 경기가 지금보다 더 어려워질 거라는 예측이 있는데, 만약 그렇게 된다면 폐업하겠습니다."

이렇게 말하는 사장도 없거니와 이런 사장 밑에서 일하려는 사람도 없다. 업종에 따라, 수익 모델에 따라 다르겠지만 창업한 이후에 의미 있는 수익을 내려면 시간이 걸린다. 이런저런 사정에 따라 적자를 보는 때도 있다. 단기간에 수익이 나지 않는다고, 경기가 나빠진다고 폐업을 할 거라면 애초에 사업을 시작하지 말았어야 했다. 사업가라면 장단기 플랜을 가지고 열정적으로, 뚝심 있게 사업을 일구어 나가야 한다. 전혀 과도한 요구가 아니다. 아주

당연하고 기본적인 사업가의 자질이다.

만약 어떤 경영자가 다음 요소를 고루 갖추고 있다면 어떻게 될까? '장기적인 성장 플랜이 없다' '무리를 해서라도 얼른 키워서 팔아먹을 계획을 가지고 있다' '내실보다는 겉으로 보이는 외형을 중요하게 생각한다' '수익을 새로운 설비나 기술 개발에 쓰지 않고 빼 쓰는 술수를 쓴다' '창업자금에 대한 본전 생각이 강하다' '작은 일만 터져도 자기 불안을 견디지 못하고 직원들을 못살게 군다' 등……. 망할 확률 99.9%다.

여러분이 다니는 직장의 사장님은 어떤가? 현장의 일은 알지도 못하면서 딴죽이나 거는 사람, 일도 하지 않으면서 제일 큰 방을 차지하고 있는 사람, 그러면서 월급은 제일 많이 가져가는 사람, 조울증이 있는 것으로 의심되는 사람, 많이 주지도 않으면서 월급날마다 생색내는 사람. 직장인의 눈으로만 보면 '사장놈'은 이런 사람 중 하나이기 쉽다.

여러분이 여러분의 직장에 투자하려는 투자자라고 생각하고 사장님을 객관적인 눈으로 평가해보시라. 그리고 여러분이 원하는 사장, 존경할 수 있는 사장의 모습을 레고를 조립하듯 만들어보시라. (혹시라도 이 과정에서 사장님이 더욱 싫어졌다면, 미안하다. 여러분 각자가 알아서 해결하시기 바란다.)

'완성된 사장'의 구체적인 모습이 보이는가? 사업을 보는 장기적인 안목, 세상에 대한 통찰과 예측력, 직원들에게 관심은 가지되 간섭은 하지 않는 자상함, 함께하면 성공하리라는 확신을 주는 믿음직함 등의 자질이 포함되어 있을 것이라고 예상한다. 동의하시는가? 이제 됐다. 여러분이 그린 '완성된 사장'의 모습이 바로 여러분이 지향해야 할 '완성된 투자자'의 모습이다.

'망할 확률 99.9%인 사장'을 보라. 실패하는 투자자의 전형과 너무나 닮아 있다. 기업의 성장주기를 보지 않고 단기투자를 하고, 기업의 내용과 관계없이 주가만 오르면 좋아한다. 마이너스 수익률을 보면서 괴로워하고, 몇 %만 떨어져도 불안해서 견디지를 못한다. 반면 '완성된 사장'과 같은 투자자는 장기적인 안목으로 기업의 성장주기에 투자한다. 정보를 쫓지 않고 세상의 흐름을 읽는다. 기업과 소통하면서 주주제안이라는 형태로 아이디어를 제공한다. 큰 흐름을 보면서 주가의 등락에 일희일비하지 않는다. 찬찬히 비교해보면 이상적인 사업가와 이상적인 투자자는 서로 닮아 있음을 절감하게 될 것이다.

수익률만 밝히는 투자자가 바람직하지 않듯, 이윤을 너무 많이 남기는 사장도 바람직하지 않다. 나는 적정한 수준의 이윤을 내는 기업을 좋아한다. 돈만 밝히는 기업가는 언젠가 나의 돈도 탐할지 모른다.

도박하듯이 투자하면 피폐한 정신, 망가진 몸, 텅 빈 잔고와 같은 도박의 결과를 얻게 된다. 투자하는 순간 그 기업의 경영자라고 생각하고 사업하듯이 투자를 이어 나가야 사업의 성과를 공유할 수 있다. 훗날 여러분이 주식투자로 부자가 되었을 때 자녀가 이렇게 물을 수 있다.

"아빠, 주식투자는 어떻게 해야 해요? 아빠는 어떻게 했어요?"

여러분의 자녀 역시 기업이 제공한 삶의 터전에서 기업 성장의 과실을 공유하면서 살아야 한다. 그런 아들에게 "응, 주식투자는 노름하듯이 하면 된단다"라고 답해줄 수는 없다. 10만 번의 행운이 따라주어서 도박 투자로 돈을 벌었다고 하더라도 말이다. 이 질문에 어떤 대답을 하고 싶은가? 그 대답은 여러분이 어떤 투자자가 될 것인가에 달려 있다. 지금부터 대답을 만들어가야 하는 것이다.

부자라는 목적지로 가려는 여러분 앞에 두 갈래 길이 있다. 하나는 어려워 보이고 또 하나는 쉬워 보인다. 사람이라면 누구나 쉬워 보이는 길에 끌린다. 그러나 그 길의 끝은 우리의 목적지가 아니다. 기업가처럼 투자하는 길은 험난하지만, 여러분을 확실하게 목적지로 데려다줄 것이다.

여러분의 목표는 쉽게 투자하는 것이 아니라 투자를 통해 부자가 되는 것이다. 그리고 부자가 되는 길 중에 쉬운 길은 없다. 앞으로 여러분이 투자자로 살아가는 동안 쉬워 보이는 길, 쉽게 투자할 수 있는 길이 보인다면 그것은 길이 아니라 '수렁'이라는 사실을 떠올려야 한다.

마음 그릇이 돈보다 커야 한다

물이 가득 담긴 그릇을 들고 걸어가면 아무리 조심해도 물이 흘러넘친다. 그러나 동일한 양의 물을 그보다 10배쯤 큰 그릇에 담으면 약간의 주의를 기울이는 것만으로 단 한 방울도 흘리지 않고 이동할 수 있다.

물은 우리에게 닥치는 모든 일이고 그릇은 여러분의 마음이다. 마음 그릇이 작은 사람은 사소한 일에도 이성을 잃는다. 이성을 잃은 상태, 다시 말해 자기 마음에 대한 통제권을 잃어버린 상태에서 행동한 사람들의 일이 종종 신문의 사회면에 등장한다. 반면 마음 그릇이 큰 사람은 어지간히 큰일을 당해도 차분하게 대처한다.

물론 사람마다 예민한 지점들이 달라서 그릇이 큰 사람, 작은 사람을 일률적으로 나누기는 어렵다. 다만 내가 말하고 싶은 것은 돈에 대한, 투자금에 대한 여러분의 마음 그릇이다. 스스로 돈에 대한 마음 그릇의 크기를 짐작해보면서, '내 마음인데 왜 내 마음대로 되지 않을까' 생각하면서 독서를 진행해보시라.

머지않은 미래에 여러분에게 일어날 일을 하나 가정해보자. 여러 경제 관련 서적을 열심히 읽은 여러분은 주식시장에 대한 상당한 식견을 갖게 된다. 공부를 계속하면서 주식투자도 쉬지 않는다. 매년 꾸준히 수익을 내며 매월 월급의 일부를 주식 계좌에 넣어 투자 원금을 늘려나간다. 수익과 배당금은 찾아 쓰지 않고 고스란히 재투자한다. 주식 계좌를 개설할 때 입금한 돈이 100만 원이었는데 인내심을 가지고 노력한 결과 투자금은 3억 원으로 불어난다. 원금의 몇 배가 되는 금액이다. 그 즈음 여러분의 마음속에서는 무슨 일이 일어날까?

현재의 마음 상태 그대로 간다면, 회사에 출근해서도 온종일 주가 창에서 눈을 떼지 못하고 퇴근을 해서도 쉽사리 잠들지 못할 것이다. 투자금이 100만 원일 때는 투자한 종목이 상한가나 하한가에 가면 15만 원이라는 돈이 생기거나 없어진다. 수익이 나면 기분은 좋지만 마음을 뺏기지는 않을 만한 액수다. 손실이 나면 씁쓸하기는 해도 크게 심호흡 한 번 하면 잊어버릴 수 있는 돈이다.

그런데 투자금이 3억 원이라면? 상한가나 하한가를 가정할 것도 없다. 수익률이 1%만 움직여도 300만 원이라는 돈이 왔다 갔다 한다. 3%만 빠져도 하루에 900만 원이 사라진다. (별다른 뉴스가 없어도 3%쯤은 오르내리는 것이 주가다.) 여러분이 월 300만 원을 받는 직장인이라면 3개월 치 월급이 날아가는 것이다. 그래도 평정심을 유지할 수 있겠는가?

'수급에 따라 몇 %의 등락은 얼마든지 있을 수 있어. 기업의 가치가 하락한 것은 아니니까 괜찮아.'

이렇게 생각하면서 업무에 집중할 수 있을지 스스로에게 질문해보라. 업무에 집중을 못 해도 좋고 잠을 못 자도 좋으니까 주식 계좌에 3억 원이 있었으면 좋겠다고 말할 사람도 있겠다. 장담하건대 이런 사람이라면 머지않은 미래에 3억 원이 줄고 줄어 3000만 원이 될 것이다. 운이 좋으면 제로가 될 것이고, 운이 받쳐주지 않으면 갚아야 할 빚만 남을 것이다. 30억 원이든 300억 원이든 결과는 달라지지 않는다. 설마 그럴까 싶겠지만, 설마가 잡은 사람이 주식시장에는 넘쳐나고 내가 개인적으로 알고 있는 사람도 여럿 있다. 이런 경우를 주식시장에 있는 사람들은 '떠내려갔다'고 표현한다. 나무토막은 강물에 떠내려가지만 투자자는 스스로의 마음에 떠내려간다.

갑자기 3억 원에서 시작하는 것이 아니라 투자금이 점진적으로 늘어날 테니 충분히 연습한 상태일 것이라고 생각할 수도 있다. 그러나 이는 사실과 다르다. 가장 최근에 화가 났던 일을 떠올려보라. 화가 나면 누구보다 본인이 제일 괴롭다. 정말 화가 나면 짧은 순간이나마 이성을 잃어버린다. 멀쩡한 정신이었다면 결코 하지 않았을, 자동차 바퀴를 힘껏 걷어차는 짓도 하게 된다. 극단적으로 화가 폭발하는 것이 아니라 슬며시 치밀어 오르는 경우라 해도 판단력이 흐려지는 것은 마찬가지다. 그런데 가장 최근에 화가 났던 그 일은 난생처음 겪는 일이었는가? 디테일은 다르지만 비슷한 유형의 일을 이전에도 경험했을 것이다. 내 짐작이 맞다면 그때도 화가 났을 것이다.

잘 던지던 투수가 수비수의 실책 하나에 무너지는 장면을 종종 본다. 그 투수는 수비수의 어이없는 실책을 처음 본 것일까? 어떤 일을 반복적으로 겪는다고 해서 저절로 적응력이 생기는 것은 아니다. 감정적인 문제인 경우 반복될수록 더 강렬한 반응이 나타나기도 한다. 어르신들이 하는 말대로 '마음보'를 고쳐먹지 않으면 평생 비슷한 일을 만날 때마다 화가 나는 고통을 겪어야 한다.

●
자만심과 조급증은 주식투자의 적이다

대범한 성격인 데다 약간의 과시욕까지 있는 사람이라면 투자금을 3억 원까지 불린 뒤에는 친구나 직장 동료의 주식투자 멘토를 자처하게 될 공산이 크다. 아직 미숙한 지인들은 여러분과 같은 종목에 투자하려 할 것이고, 좋아 보이는 종목이 있으면 여러분의 의견을 물어볼 것이다. 자신감이 넘쳐 자만심으로 넘어가기 딱 좋은 환경이다. 게다가 3억 원이면 한 달에 2%의 수익만 내도 600만 원이 생긴다. 어지간한 월급쟁이보다 낫다. 솔깃하지 않은가?

이쯤 되면 슬슬 이런 생각이 들 것이다.

'한 달 동안 부려먹고 월급은 쥐꼬리만큼 주는 사장, 능력도 없으면서 호통만 치는 상사, 인간적으로 도저히 정이 안 가는 동료, 사람을 사람 취급 안 하는 거래처. 이참에 이 꼴 저 꼴 안 보고, 이 사람 저 사람 눈치 안 보는 전업투자자로 나서볼까?'

모순인 듯 들리겠지만 나는 본업에 충실하라고 말한다. 내 주위에도 잘 다니던 직장 때려치우고 전업투자자로 나선 사람들이 꽤 있다. 심지어 돈 잘 번다는 의사가 전업투자자가 된 사례도 있다. 그러나 대부분 결과가 좋지 못했다. 이유는 간단하다. 직장에서 일하는 것보다 쉽게 돈을 벌 수 있다는 생각으로 주식투자를 시작하기 때문이다.

"돈을 쉽게, 많이 벌 수 있어서 이 직업을 선택했어요"라고 말하는 직장인은 없다. 있다고 해도 이런 마인드로 일하는 사람은 회사에서 오래 살아남지 못한다. '투자자' 역시 쉽게 돈을 벌 수 있는 직업은 아니다. '3억 원이면 한 달에 2%의 수익만 내도 600만 원이 생긴다'라는 태도를 가지고 있다면 이미 실패한 것이나 다름없다. 그래도 굳이 전업투자를 하겠다면 조금만 시간을 늦추라고 말하고 싶다. 최소한 500개 기업에 탐방을 가보고, '나는 전쟁이 나도 투자를 할 것이다'라는 생각이 들면 그때 전업투자를 하면 된다.

계속 3억 원이라는 가정을 하고 이야기했지만 그럴 것도 없다. 한국거래소에서 발표한 통계에 따르면 2012년 개인 투자자들의 평균 주식 보유액은 약 6100만 원이다. 꽤 많은 듯하지만 여기에는 평균의 눈속임이 있다. 이들 중 5억 원 이상을 보유한 투자자는 전체 투자자의 1%에 불과하다. 그리고 1000만 원 미만이 전체의 60% 정도다. 이들 중 다수가 '제발 긴 안목을 가지고 투자하고, 일과시간에는 업무에 집중하라'라는 조언을 계속하게 만드는 사람들이다. 이들은 운이 좋아서, 혹은 여타의 방법으로 3억 원이라는 투자금을 모은다 해도 오래 유지하지는 못할 것이다.

지금 주가의 등락에 마음을 뺏긴다면 투자금이 커져도 100% 같은 지경에 처한다. 지금은 담대하더라도 액수가 커지면 달라질 수도 있다. 많은 투자자들이 좋은 종목을 고르는 눈이 부족해서 주식투자에 성공하지 못한다고 생각한다. 틀린 말은 아니지만 종목 고르는 능력을 키우는 것보다 담대한 마음을 가지는 것이 먼저다. 물에 빠진 다음에 수영을 배울 수 없고, 불이 난 다음에 소화기를 사러 갈 수 없는 법이다.

내 계좌는 수익률이 1% 하락하면 15억 원이 줄어든다. 연봉이 1억 원인 사람의 15년 치 월급이다. 나는 수양이 깊은 스님도 아니면서 계좌에서 '15억쯤' 생기거나 사라져도 마음이 흔들리지 않는다. 때로는 수십억 원의 손실을 보고 손절매할 때도 있다. 돈이 많으니까 그럴 수 있는 것 아니냐고 하겠지만 오히려 반대다. 내 마음을 내가 잡고 있을 수 있어서 지금의 부를 이뤘다고 생각한다.

주인이 될 기업을 고르고 그 기업과 동행하면서 성과를 공유하는 모든 투자 행위는 투자자의 판단에 기초한다. 세계 경제, 국내 경기, 기업 내부의 상황, 경쟁 기업의 상황 등 투자한 기업과 그를

둘러싼 환경은 언제나 변화한다. 이럴 때 투자자의 마음이 봄바람에 살랑거리는 나뭇잎 같아서는 안 된다. 마치 궁수처럼 두 다리로 버티고 서서 과녁을 보고 활을 쏠 수 있어야 한다.

증권사에서 제공하는 각종 정보의 말미에는 늘 "모든 투자의 책임은 투자자 본인에게 있다"라는 경고문이 붙는다. 나중에 문제가 생겼을 때 책임을 피하기 위한 조치지만 투자자 입장에서도 한번 곱씹어볼 만한 말이다. 속으로 이 문장을 계속 되뇌어보라. '투자자 본인'이라는 말이 점점 크게 느껴지지 않는가. 모든 책임을 지고 있는 '본인'의 마음이 살랑거리고 있다면 그 판단의 신뢰성은 제로다. 따라서 투자 성공률 역시 제로에 수렴할 것이다.

●

투자금의 주인이 되어라

내가 제일 좋아하는 말, 내 좌우명이라고도 할 수 있는 말은 '만물정관개자득(萬物靜觀皆自得) 사시가흥여인동(四時佳興與人同)'이다. 고요하고 평온한 마음으로 사물을 바라보면 그 이치와 흐름을 저절로 알게 되며 사계절의 아름다운 흥취를 남들과 함께한다는 뜻으로, 북송의 유학자 정호가 지은 「추일우성(秋日偶成)」의 한 구절이다.

아름다운 마음으로 기업을 발굴하고

매사에 겸양의 정신으로 파트너를 존중하며

우호적으로 공생공영하는 길을 찾고

영속적 기업의 가치에 근거한 장기투자를 원칙으로 하며

노력한 만큼의 기대 수익에 감사하는 마음으로 투자한다.

내 사무실 벽에 크게 붙어 있는 우리 회사의 창립 모토다. 명나라의 묘협이라는 스님이 어려운 일을 당했을 때 마음을 어떻게 써야 하는지에 대해 쓴 「보왕삼매론(寶王三昧論)」도 걸려 있다. 이 모두가 내 마음에 대한 통제권을 놓치지 않기 위한 장치다.

절대다수의 투자자들이 돈을 벌기 위해 주식시장에 뛰어든다. 누군가 나에게 "돈을 잃기 위해 투자하느냐"라고 묻는다면 나 역시 "돈을 벌기 위해 투자를 한다"라고 답할 것이다. 그러나 돈을 벌기 위해서만 투자하는 것은 아니다. 오로지 돈을 벌기 위해 투자했다면 나는 지금 주식투자를 하고 있지 않을 것이다. 평생 풍류를 즐기고 여행을 다니고 맛있는 것을 찾아다녀도 될 정도의 돈은 이미 오래전부터 있었다. 그럼에도 불구하고 때로는 골치 아프고 때로는 화나는 일을 여전히 하고 있는 것은 돈 이외의 기쁨이 있기 때문이다. 내 경우에는 이 기쁨이 더 큰 것 같다.

예를 들면 이런 것이다. 손절매한 종목은 빼고, 내가 일정 부분 수익을 내고 매도한 종목은 그 이후에도 상승을 거듭한 경우가 많았다. 나는 도가 튼 사람이 아니다. 그래서 아깝다. 동시에 기분이 좋다. '여기가 꼭지다'라고 생각하면서 매도한 적은 없다. 아직 상승 여력이 남았다고 생각해도 투자했을 때의 기대 수익이 달성되면 매도한다. 물론 오래도록 주인으로 남고 싶어서 일부 이익을 실현하고 보유하고 있는 종목도 있다.

내가 기쁜 지점은 4~5년 정도 소통하면서 지켜본 기업이 내 생각대로 성장해주었다는 것, 기업의 가치가 내 생각대로 움직였다는 것이다. 매도 이후에 주가가 상승해도 기분이 좋은 이유는 '역시 내가 좋은 기업에 투자했구나'라는 성취감 때문이다. 다들 가장 비쌀 때, 즉 꼭지에서 매도해야 투자를 잘 마무리 지은 것으로 생각하는데 차분히 생각해보면 전혀 기뻐할 일이 아니다. 우연히 타이밍을 잘 맞춘 것이지 기업을 보는 안목은 없었다는, 단순히 운이 좋았을 뿐이라는 결론이 나오기 때문이다. 또 한편으로는 이런 생각도 든다. 한때 내가 주인으로 있었던 기업의 새로운 주인이 손실을 본 상태로 있는 게 뭐 그렇게 기분 좋은 일이겠는가. 그들 중에는 여러분의 죽마고우나 이웃이 있을지도 모른다.

창립 모토에 있는 "기대 수익에 감사하는 마음"이라는 말에 대해서도 생각해보자. 별 의미 없이 듣기 좋으라고 하는 말, 위선에 가득 찬 말, 괜히 있어 보이려고 하는 말이 아니다. 많은 투자자들이 기대 수익에 감사하는 마음을 가졌으면 하는 바람에서 책도 쓰고 무료 강연도 다니고 있는데, 아쉽게도 아직까지 크게 달라진 것은 없다. 그래도 내 뜻에 진심으로 공감해주는 분들이 조금씩 늘어나고 있다는 데 보람을 느낀다.

사람들은 도대체 누구에게 감사해야 하는 것이냐고 묻는다. 대개 수익이 나면 본인이 판단을 잘한 덕이라고 생각하기 때문이다. 누가 추천해준 종목에서 수익이 난 경우에만 추천해준 사람에게 감사 인사를 하면 된다고 생각한다. 피도 눈물도 없는 주식시장에서 한가하게 감사 인사나 할 여유 따위는 없다고도 한다. 물론 현실에 비추어봤을 때 틀린 말은 하나도 없다. 세상을 보는 시각이 이와 같다면 나도 더 이상 할 말이 없다. 그러나 내가 세상을 보는 시각은 다르다.

　주주들이 회사에 직접 찾아가서 행패를 부리는 사례는 드물지만 전화로 화풀이하는 경우는 종종 있다. 온라인 게시판에는 저주의 글이 부지기수다. 그 많은 게시판의 글들 중 수익을 내준 기업과 구성원에게 감사를 표하는 글은 손에 꼽을 정도다. 수익이 나면 자신이 투자를 잘한 덕이고, 손실이 났을 때라야 비로소 해당 기업에 사람이 있다는 생각을 한다. 정직하지 못한 경영자와 무능력하고 게으른 직원들 때문에 손해를 봤다며 남 탓을 한다.

　나는 기업가 정신을 가진 경영자를 존경하고, 주주가 됨으로써 '내 회사'가 된 기업의 직원들에게도 고마움을 느낀다. 경영자는 일자리를 만들고 직원들은 우리 사회에 필요한 물건을 만든다. 그들이 열심히 일한 덕분에 기업이 성과를 내고 그 덕분에 나도 주주라는 이름으로 성과를 공유한다.

　좀 더 근본적으로 들어가면 이 모든 것은 '사회'가 있기에 가능한 일이다. 우리는 사회에 도움을 주고, 사회의 도움을 받으며, 사

여러분의 투자금은 기업 성장의 근간이 된다.
그리고 기업이 성장하면 일자리가 생긴다.
취업난 때문에 좌절했던 청년은 일자리를 제공받고
자본시장은 점점 튼튼해진다.
투자를 함으로써 국가 경제에 이바지하는 것이다.
이런 대의명분들이 주식투자의 본질을 잊지 않게 해주고
마음을 다스리는 데 도움을 준다.

회를 이룬다. 때문에 나는 늘 사회에 대한 부채 의식을 일정 부분 가지고 산다. 그러다 보니 고마울 일이 참 많다. 이런 고마움들을 떠올리면 탐욕과 공포라는 짐승이 내 마음의 울타리 밖으로 나가고 평온한 느낌이 찾아온다. 올바른 판단을 할 수 있는 상태가 되는 것이다.

여러분은 오로지 월급만을 위해 일하지는 않을 것이다. 월급을 주지 않으면 일하지 않겠지만 월급만이 직장생활을 하는 기쁨의 전부는 아닐 것이다. 난관을 뚫고 어려운 일을 해냈을 때의 성취감도 있고, 스스로 발전하는 데서 오는 기쁨도 있다. 회사 일을 할 때처럼 주식투자를 할 때도 대의명분을 생각해봤으면 좋겠다.

여러분의 투자금은 기업 성장의 근간이 된다. 그리고 기업이 성장하면 일자리가 생긴다. 여러분의 투자가 취업난을 겪다 좌절한 청년에게 일자리를 제공해주고, 자본시장을 튼튼하게 다진다. 주식투자를 함으로써 국가 경제에 이바지하는 것이다. 이런 대의명분들이 주식투자의 본질을 잊지 않게 해주고, 마음을 다스리는 데 도움을 준다.

　오로지 돈을 벌겠다는 생각만으로 덤비면 오히려 돈을 벌지 못한다. '돈을 따라가지 말고 돈이 따라오게 하라'라는 말도 되새겨보시라. 그러면 마음이 고요해져서 기업의 본질을 볼 수 있다.

주식투자를
매매 게임으로 본다

VS

주식투자를
기업의 발전에 따른
보상으로 본다

대부분의 주식투자자들은 본인이 주식을 매수하기 전에는 주가가 조금이라도 더 하락하기를 바란다. 그리고 매수한 직후부터 상승하기를 바란다. 하루라도 빨리 시세 차익을 남기고 싶어 하는 것이다. 이들의 관점에서는 시세 차익이 주식투자의 시작과 끝이다. 주식투자를 저가에 사서 고가에 팔기만 하면 되는 매매 게임으로 보는 것이다. 이는 허상을 보고 투자하는 것과 다르지 않다.

주식투자를 매매 게임으로 보면 투자자가 신경 써야 할 것은 주가밖에 없다. 매수한 주식이 목표가에 도달하면 팔아서 차익을 남기면 그만이다. 그러나 안타깝게도, 제아무리 노력해도 내일은커녕 10분 뒤의 주가도 예측할 수 없다. 혹자는 예측할 수 있다고도 하지만 이야기를 자세히 들어보면 결국 확률 게임을 할 뿐이라는 것을 알 수 있다.

나도 목표가에 도달하면 매도한다. 일부만 수익을 실현하고 나머지는 보유할 때도 있지만 매도할 때가 더 많다. 결과적으로 똑같지 않느냐고 말할 수도 있지만 나는 전혀 다르다고 생각한다. 투자 수익은 매매 게임으로 얻는 시세 차익이 아니라 기업의 발전에 따른 보상이다. 그래서 내가 주목하는 것은 주가가 아니라 기업의 본질이며, '기업이 내 예상대로 성장하고 있는가' 하는 점이다.

주가는 기업 가치의 반영이다. 고평가된 기업의 주가는 반드시 제자리로 내려온다. 저평가된 기업의 주가는 반드시 그 가치만큼 평가받는 때가 온다. 발전하는 기업의 주가는 오르고, 쇠퇴하는 기업의 주가는 하락한다. 시간문제일 뿐이다.

원칙을 지키지 않는다 어떤 상황에서든
원칙에 따라 투자한다

주식시장에는 성공적인 투자를 위한 몇 가지 원칙들이 있다. 이는 오랜 시간 여러 투자자들에 의해 검증받은 것들이다. 여러분도 공부를 하다 보면 여러 원칙들을 알게 될 것이고 그중 마음에 드는 몇 가지를 자신의 투자 원칙으로 삼을 것이다.

원칙들은 말한다. '이렇게 해야만 수익을 낼 수 있다.' 하지만 과연 그럴까? 많은 투자자들이 반드시 지키리라고 다짐했던 원칙들을 배신한다. 그리고 원칙들 역시 때때로 투자자들을 배신한다. 여러분 역시 이런 경험을 하게 될 가능성이 높다. 원칙을 배신했을 때 더 많은 수익을 낼 수도 있다. 같은 말이지만, 원칙을 지켰을 때 더 적은 수익을 낼 수도 있다. 이런 경험이 몇 번 반복되면 간단하게 원칙을 버리게 된다. 배신의 대가를 혹독하게 치를 때까지.

예를 들어 여러분이 투자한 종목의 주가가 목표가에 도달해서 매도했다고 하자. 목표가에 도달하면, 즉 주가가 여러분이 생각하는 기업의 가치에 도달했다고 판단하면 매도하는 것이 원칙이다. 그런데 매도 이후에 주가가 10% 더 상승한다. 원칙을 지킴으로써 10%의 수익을 덜 보게 된 것이다. 이런 일을 몇 번 겪다 보면 원칙을 버리고 싶은 마음이 커진다.

'언제나 정직이 최선의 방책이다'라는 말이 있다. 일종의 인생 원칙인데, 사실 현실에서는 그렇지 않은 경우도 많다. 여러분도 정직했다가 손해 본 경험이 있을 것이다. 거짓말을 능수능란하게 하는 사람은 정직한 사람보다 인생을 훨씬 더 쉽게 산다. 그렇다면 거짓이 최선의 방책일까? 아니라는 것을 우리는 알고 있다. 거짓말을 자주 하는 사람은 그 거짓말 덕분에 자잘한 이익을 얻지만, 결국에는 그 자잘한 이익을 모두 합친 것보다 더 큰 대가를 한 번에 치르게 된다.

투자 원칙을 따랐을 때 100% 수익이 난다면 원칙은 더 이상 강조되지 않을 것이다. 모두가 지킬 테니까 말이다. 그러나 예외 없는 원칙은 없다. 원칙을 포기했을 때 더 많은 수익을 내는 경우가 생기는 탓에 많은 투자자들이 원칙을 버린다.

그렇다면 원칙을 강조한 수많은 사람들은 원칙을 지켰다가 손해 본 적이 한 번도 없을까? 아닐 것이다. 그럼에도 불구하고 그들이 원칙을 강조한 이유, 이 원칙들이 긴 시간 동안 전해져오는 이유는 결국 그것이 성공의 길이기 때문이다. 원칙을 어기고 얻은 자잘한 수익보다 훨씬 더 많은 손실을 한 번에 본 사례들을 보고, 듣고, 경험했기 때문이다. 원칙을 어기고 싶을 때는 왜 그 원칙이 '원칙'이라는 이름으로 아직까지 살아남아 있는지를 생각해보시라.

4장

투자에도
훈련이
필요하다

More practice, better investment.

투자, 선불리 시작하지 마라

운전면허 취득이 너무 쉽다. 차선을 바꾸지 못해서 3시간째 직진 중인 사람에게도 운전면허증이 있고, 핸들만 잡으면 헐크로 변신하는 사람에게도 운전면허증이 있다. 한 손으로 운전대를 잡고 다른 한 손으로는 문자를 보내는 사람 역시 운전면허증을 가지고 있다.

미국 질병통제예방센터(CDC, Centers for Disease Control and prevention)에서 발행한 리포트에 따르면 2000년~2010년 사이에 전 세계에서 하루 평균 3000여 명이 교통사고로 사망했다. '연간'이 아니라 '하루'다. 연간으로 따지면 100만 명을 훌쩍 넘어선다. 도로교통공단이 발표한 2012년 우리나라 교통사고 사망자도 5000명이 넘는다. 교통사고로 부상을 당한 사람은 177만여 명에 달한다. 사고의 대부분은 운전자의 부주의가 원인이라고 한다.

주식투자 하기가 너무 쉽다. 증권사나 은행에서 계좌를 개설하고 HTS(Home Trading System)만 내려받으면 된다. 그리고 마우스 클릭을 몇 번 하고 수수료와 거래세를 부담하면 주식을 매매할 수 있다. 그래서일까, 주식투자를 섣불리 시작했다가 손실을 보는 개인 투자자들이 너무나 많다. 있는 돈 다 날리고 빚더미에 올라앉는 경우도 적지 않다.

어려운 시험을 통과한 사람에게만 주식투자 자격증을 발부해야 한다고 말하려는 것은 아니다. 나는 본업이 주식투자이며 전 국민이 주식투자를 통해 기업 성장의 과실을 공유하기를 바란다. 언론에서 주식투자의 위험성을 부풀려 말하는 것도 좋아하지 않는다. 다만 기본적인 공부도 하지 않고 무턱대고 주식투자의 세계에 뛰어드는 행동이 얼마나 어리석은지를 말하고자 한다.

여러분에게 10억 원의 여윳돈이 있다. 이 돈을 어떻게 할까 궁리하던 차에 펀드매니저라는 사람이 와서 자신에게 맡기면 연간 20%의 수익을 내주겠다고 한다. 매사 꼼꼼한 당신은 펀드매니저를 돌려보낸 후 그의 이력을 조사한다. 그런데 놀라운 사실을 알게 된다. 그는 지난달까지 학교에서 과학을 가르치던 선생님이었으며 증권분석사도 아니다. (주식시장에서 멀리 떨어져 있다는 것을 강조하려는 것일 뿐, 과학 선생님을 폄훼하려는 뜻은 전혀 없다.) 다음 날 펀드매니저가 다시 찾아온다. 여러분은 아마도 화를 내면서 이렇게 물을 것이다.

"증권분석사도 아니고, 경력도 이제 겨우 한 달밖에 안 됐으면 서 무슨 근거로 20%의 수익을 내준다는 거요? 그 자신감의 근거 는 뭐요?"

무슨 대답을 듣든 여러분은 그에게 단돈 만 원도 맡기지 않을 것이다. 그가 매우 어렵다고 알려져 있는 증권분석사 시험에 합격 했고 경력이 오래되었다고 해도 그간의 수익률을 따져본 후 신중 하게 결정할 것이다. (당연히 그래야 한다.)

2013년 한국금융투자협회의 설문조사 결과, 국내 개인 투자자들 의 직접투자 기대 수익률은 평균 18.3%였다. 2007년에는 30.9%, 2009년에는 26.9%, 2011년에는 19.4%였으니 그래도 많이 소박 해진 셈이다. 그렇다면 여러분이 투자를 시작했을 때 어느 정도의 수익률이면 만족감을 느낄지 생각해보시라. 편의상 여러분도 18% 의 수익률을 기대한다고 가정해보자. 이제 질문을 되돌려 받을 때 가 되었다.

"증권분석사도 아니고 이제 겨우 투자를 시작했으면서 무슨 근 거로 18%의 수익을 기대하는 거요? 그 자신감의 근거는 뭐요?"

기대 수익률을 대폭 낮추더라도 이 질문은 유효하다. 주식매매 는 누구나 할 수 있지만 수익을 내는 것은 전혀 다른 문제다. 실패 에 대한 지나친 두려움 때문에 투자를 하지 않는 것도 권하지 않 지만, 너무 만만하게 보고 섣불리 달려드는 것 역시 말리고 싶다. 주식시장과 경제가 돌아가는 원리에 대한 지식이 거의 없는 상태에 서, 기업에 관해 아는 것이라곤 간략하게 정리된 재무제표밖에 없는 상태에서 투자를 해서는 안 된다.

●
지식 없는 투자자는 몽상가일 뿐이다

주식투자의 경력이 많지 않아 자신의 수준을 가늠하기 어려운 경우, 투자자로서 자신의 위치를 쉽게 알 수 있는 방법이 있다. 친구에게 다음과 같은 제안을 해보면 된다.

"내가 대신 투자해줄 테니까 나한테 1000만 원만 맡길래?"

여러분이 입 밖으로 낸 모든 말을 실천했고 사소한 시간 약속조차 어긴 적 없는 사람이라 하더라도 친구는 여러분의 제안을 농담으로 받아들일 것이다. 여러분이 신뢰의 화신이었다고 해도 서운할 일이 아니다. 입장을 바꿔 생각해보면 된다. 주식투자를 시작한 지 1년밖에 안 된 친구에게 여러분은 1000만 원을 맡길 것인가? 펀드매니저에게 적용하는 기준을 자신에게도 적용하는 공정함 정도는 있어야 한다. 투자하기 전에 여러분의 지식 수준에 대한 점검이 필요하다는 말이다.

물론 증권분석사이며 그 외에도 많은 지식을 갖고 있는 사람이라고 해서 반드시 성공적인 투자를 하는 것은 아니다. 때로는 지식이 독이 되기도 한다. 그러나 이것은 주식투자의 정의를 잘못 내린 탓이지 지식 자체의 문제는 아니다. 증권분석사까지는 아니더

**주식매매는 누구나 할 수 있지만 수익을 내는 것은 다른 문제다.
기본적인 공부도 하지 않고 섣불리 뛰어들어서는
결코 성공적인 투자를 할 수 없다.
올바른 가치관을 바탕으로 지식을 쌓고
적은 금액으로 연습하면서 사업가로서의 투자자가 되어야 한다.**

라도 일정 수준 이상의 지식은 반드시 필요하다.

'일정 수준'에 대한 정확한 기준은 없다. 다만 최소한의 기준으로 볼 때, 이 책을 포함해 10권 이상의 주식투자 관련 책을 읽고 구체적인 개념을 반복적으로 익혀 주식투자 전반의 내용을 이해해야 한다. 이때 차트에 관련된 책, 한 개인의 투자 성공담을 담은 책, 기막힌 기법을 소개하는 책은 제외하고, 주식투자의 본질과 경제의 원리를 다룬 책, 그러니까 투자의 정도를 다룬 책을 봐야 한다. 이것으로 투자에 관한 모든 것을 알지는 못하겠지만 적어도 자신이 뭘 모르는지는 알게 된다. 이 정도 공부도 하지 않고, 심지어 기업에 대한 공부도 하지 않고 '투기'를 하려는 이들에게는 해줄 조언이 없다. 부디 감당할 수 있을 만큼의 손실만 입고 주식시장을 떠나길 바랄 뿐이다. 그것이 자신을 위해서도, 주식시장을 위해서도 좋은 일이다.

성공적인 투자를 위해 어떤 지식을 습득해야 하는지, 그 지식은 어떤 가치관을 토대로 해야 하는지에 대해 지금부터 구체적으로 살펴볼 것이다. 주의할 점은, 증권시장에 있는 숱한 헛똑똑이들처럼 지식만 있고 투자에 대한 올바른 가치관이 없으면 이 나무 저 나무 옮겨 다니다가 썩은 과일을 먹게 될 것이고, 올바른 가치관은 서 있되 그 위에 지식이 쌓여 있지 않으면 이상만 높고 실현할 방법은 없는 몽상가가 될 것이라는 점이다.

나는 앞에서 돈을 벌고 싶다면 당장 주식 계좌를 개설하라고 말했다. 그러나 한꺼번에 많은 돈을 투자하라는 뜻은 아니다. 처음에는 적은 금액으로 연습하면서, 때로는 수업료를 지불하면서 점진적으로 투자금을 늘려 나가야 한다. 그렇게 지식과 경험을 쌓으면서 사업가로서의 투자자가 되어가는 것이다.

성공 투자를 위한 공부법

주식투자 공부는 크게 두 가지로 분류할 수 있다. 경제 전반에 대한 지식을 넓게 파는 공부와, 개별 기업의 정보를 깊이 파는 공부다. 넓어도 깊이가 없으면 의미가 없고, 깊이 들어가려면 일단 넓게 파야 한다. 넓이와 깊이는 같이 파는 것이다. 넓게 파는 공부를 끝내고서 깊이 파는 공부를 하겠다는 '학구적인 자세'는 피하는 게 좋다. '공부'라는 말만 들어도 일단 어깨에 힘부터 들어가는 분들도 적지 않을 텐데, 그렇게 부담을 가질 필요는 없다. 너무 어렵게 생각하지 말고 편하게, 흥미가 가는 부분부터 시작하면 된다.

나는 여러분 각자의 수준을 모른다. 경제학과를 졸업한 분도 있을 것이고 철학을 전공한 분도 있을 것이다. 미리 말해두자면, 경제학을 전공했다고 유리하고 철학을 전공했다고 불리한 것은 아니다. 경제 지식의 양으로만 따지면 경제학 전공자가 우세하겠지만 주식투자는 그것만으로 이뤄지지 않는다. 인간과 삶에 대한 통찰이 더 중요해지는 지점도 있다. 그러니 경제 지식 좀 안다고 자만할 것도 아니고, 아예 모른다고 주눅들 일도 아니다.

어떤 분야의 학문이든 공부는 현재 자신의 수준을 정확하게 파악하는 데서 시작한다. 그래야 어떤 것부터 공부해야 할지 감이 잡힌다. 자신의 수준을 진단하는 간단한 방법은 경제 관련 방송이나 경제신문을 보는 것이다. 무슨 말인지 다 알아듣고 흥미진진함까지 느낀다면 상당한 지식이 있는 것이고, 그저 하품만 나온다면 무슨 소리를 하는 것인지 통 모르는 것이다. 하품의 정도도 각자 다를 것이니 구체적으로 무슨 공부를 하라고 일러주기는 어렵다. 용어 자체가 이해되지 않는다면 경제와 주식에 관한 책들을 반복적으로 읽으면서 용어에 익숙해지는 것이 먼저일 테고, 개별 경제 뉴스를 큰 틀에서 이해하고 싶다면 자본주의의 원리를 다룬 책을 읽는 것이 좋다. 몇 권 읽다 보면 다음에는 무슨 책을 읽어야 할지 흐름이 잡힐 테니 너무 걱정하지 않아도 된다.

한 가지 주의할 점은 처음부터 증권방송을 너무 많이 시청해서는 안 된다는 것이다. 방송마다 개별 종목을 상담해주는 코너가 있는데, 나로서는 참 신기하다. 어떻게 저 많은 종목들의 미래를 다 알고 있는 것일까. 보유 또는 매도 의견을 내거나 얼마 이상 가면 매도하고 얼마 이하로 떨어지면 비중을 줄이라는 말을 하곤 하는데, 그 근거가 무엇인지 궁금할 때가 많다.

차트와 관련된 용어가 많이 나오는 것도 불만이다. 투자자로서는 백지 상태인 초보자들이 부지불식간에 차트를 기본으로 한 분석을 신뢰하게 될까 봐 걱정된다. 공부를 하다 보면 자연스럽게 알게 될 것이니 미리 차트 관련 용어를 알 필요는 없다. 아직 주식투자에 익숙하지 않은 초보자에게는 증권방송보다 경제 전체의 흐름을 알려주는 방송이 도움이 된다.

이제 여러분은 주식투자자로서 만만치 않은 공부를 시작하려고 한다. 막막한 느낌도 없지 않을 것이다. 무슨 일이든 힘들게 느껴질 때는 비교적 쉽고 간단하게 해치울 수 있는 것부터 하는 게 좋다. 투자를 위한 공부도 마찬가지다. 투자하려는 기업의 업종에 따라 문과 출신에게는 암호나 다름없는 물리, 화학, 전자를 공부해야 할 수도 있다. 업종의 전망이 좋아서 꼭 투자를 하고 싶다면 그 공부를 피해갈 도리가 없다. 어디 그뿐인가. 기업의 구체적인 내용과 경영자의 심리까지 파악해야 한다. 경제의 기본적인 원리를 다룬 책도 몇 권 읽어야 한다. 이렇게 어려운 것을 먼저 생각하면 머리만 무겁고 진도도 나가지 않는다. 그러니까 쉬운 것부터 해치우자.

일단 스마트폰을 꺼낸 다음 설치되어 있는 게임을 지운다. 참 쉽다. 그 다음 순서는 비용이 조금 들어간다. 경제신문, 종합일간지, 경제주간지를 신청한다. 회사에도 있다, 인터넷으로 볼 수 있다 등의 핑계는 대지 말자. 마음껏 메모하고 스크랩할 수 있는 자기만의 것이 필요하다. 시작이 반이라고 했으니 벌써 절반은 왔다.

게임을 하지 않음으로써 확보한 시간에 신문과 주간지를 읽는다. 아무리 열심히 읽어도 한동안은 그 안에서 투자할 기업을 찾기가 어려울 것이다. 정보가 아닌 척하는 정보가 진짜 투자 정보인데 그런 것들이 쉽게 눈에 띌 리가 없다. '이것은 투자 정보입니다'라고 친절하게 알려주는 정보는 가치 있는 정보가 아니다. 우선은 경제에 관한 지식, 세상 돌아가는 흐름을 전반적으로 익힌다고 생각하면 된다. 이것이 바로 넓게 파는 공부다.

경제 지식만이 주식투자의 성패를 결정한다면 경제학과 교수나 애널리스트의 수익률이 가장 높아야 할 텐데, 현실은 그렇지 않다. 경제 지식만큼 중요한 것이 투자자의 마음이다. 마음이 흔들리면 경제 지식이 아무리 많아도 올바른 판단을 내리지 못한다. 탐욕과 공포를 이기고 담대한 마음으로 주식투자에 임해야 한다.

어떻게 하면 인생을 관조하듯, 경제와 기업의 흐름을 흔들림 없이 관조할 수 있을까. 경제 지식을 쌓는 것보다 훨씬 어려운 문제다. 앞에서 탐욕과 공포를 이기는 투자 원칙들을 제시했지만 그것만으로 마음 수양이 완료되지는 않을 것 같다. 나에게는 독서, 운동, 여행, 등산 등이 도움이 되지만 여러분에게는 그렇지 않을 수도 있다. 각자 방법을 찾아보라는 것 외에 드릴 말이 없다.

이외에도 결단력, 친화력 등 사람의 기본적인 성정에 관한 것들도 있다. 정보를 충분히 모았더라도 마지막에는 결단을 내리는 마음의 힘이 필요하다. 햄릿처럼 '매수할 것이냐, 기다릴 것이냐, 그것이 문제로다'라고 하다가는 기회를 놓친다. 이는 심사숙고와는 다르다. 그냥 우유부단한 것이다.

친화력은 주식 담당자나 해당 기업의 구성원을 만날 때뿐 아니라 현장에서 정보를 구할 때 유용하다. 나는 한 기업이 보유하고 있던 부동산의 가치를 알아보기 위해 인근의 부동산 중개업소, 식당, 절 등에서 소문을 들었다. 현장에서 펄떡거리던 정보가 투자에 큰 도움이 되었음은 물론이다.

다시 말하지만 정해진 공부 방법은 없다. 개별 기업을 공부하면서 경제 전반에 대한 통찰을 얻을 수도 있고, 경제 전반을 공부하는 중에 가치 있는 기업을 발견할 수도 있다. 어느 쪽이든 멈추지 않고 계속 공부를 이어 나가는 것이 중요하다.

●

기업에 대한 통찰은 어떻게 얻는가

어떤 기업에 관심을 가지게 되는 계기는 다양하다. 업종의 전망이 좋다는 정보를 듣고 업종 내에서 건실한 기업을 찾기도 하고, 여러 경로를 통해 기업을 추천받기도 한다. 거리에서 단서를 발견하기도 하고, 신문이나 TV 혹은 일상의 대화에서 힌트를 얻기도 한다. 눈에 띄는 기업이 생겼다면 그 다음에는 어떤 순서로 공부를 해 나가야 할까?

먼저 간략하게 정리되어 있는 재무제표를 확인한다. 지난 몇 년 동안 매출, 영업이익, 영업이익률, 주당순이익 등의 지표들이 점차 좋아지고 있다면 긍정적이라 할 것이고, 반대라면 위험한 신호라고 볼 수 있다. 일관된 흐름 없이 들쭉날쭉한 기업도 있다. 어느 쪽이든 이유를 아는 것이 중요하다. 그렇게 된 이유를 알지 못하면 모르는 것과 같다. 빚을 갚았거나 투자를 해서 이익이 감소했을 수도 있다. 원자재 가격이 상승했을 수도 있다. 출혈경쟁을 했다면 매출이 늘어도 이익은 감소한다.

이유를 알려면 지난 몇 년간의 공시와 뉴스를 주가 그래프와 비교해가면서 체크해야 한다. 꽤 지난한 작업이다. 많은 시간과 노력을 들였는데 '이 기업은 투자하기에 적절치 않다'라는 결론을 얻기도 한다. 여러분이 어떤 기업에 대해 열심히 공부했다고 해서 그 기업의 내용이 좋아지는 것은 아니니 마음의 장난에 속지 말기를 바란다. 공부한 것이 아까워서 사실을 곡해하는 경우가 없지 않으니까. 투자 대상이 아니더라도 피가 되고 살이 되는 공부였으니 그것으로 충분하다.

기업의 홈페이지에도 방문해보시라. 대중 소비자를 상대로 하는 기업이라면 홈페이지에서 소비자에 대한 배려를 볼 수 있다. 그리고 기업의 상품을 파는 온라인 쇼핑몰에서 후기를 보거나 직접 매장을 방문해 판매원의 의견을 들어보는 것 역시 강력하게 추천하는 방법이다.

해당 기업의 경영자가 언론과 한 인터뷰는 절대로 빼놓아서는 안 될 자료다. 예를 들어 3년 전에 인터뷰를 하면서 포부를 밝혔

> 모든 결정이 그렇듯 주식투자 역시 최후의 순간에는
> 주관적인 판단이 필요하다.
> 결국 통찰력을 가져야 한다는 이야기인데,
> 이는 정보를 충실히 모으는 것만으로는 생기지 않는다.
> 열심히 공부하고 많이 움직여야 한다.
> 그러다 보면 복잡하게 얽혀 있던 정보들이
> 어느 순간 명쾌하게 정리될 것이다.
> 그것이 바로 통찰이다.

다고 하자. 그러면 현재 시점에 그것이 어느 정도 실현되었는지 비교해볼 수 있다. 그의 포부가 상당 부분 현실화되었다면 그는 허튼소리를 하는 사람이 아니라는 판단을 내릴 수 있다. 이외에도 업종 내에서의 위치는 어떤지, 시장점유율에서 몇 위인지, 점유율의 추이는 어떤지, 주식 관련 게시판에 보이는 소액주주들의 반응은 어떤지 등을 살펴봐야 한다.

업종의 전망도 좋고, 경영자는 신뢰할 만한 사람이며, 이익은 매년 상승하고 있고, 소액주주들의 반응도 좋고……. 이 모든 조건을 만족시키는 기업이 있을까? 아마도 없을 것이고, 있다면 이미 주가에 미래 가치까지 충실하게 반영되어 있을 것이다. 결국 모든 기업이 장점과 단점을 가지고 있을 수밖에 없다.

여러분이 어떤 기업을 공부하다가 장점과 단점을 발견했다면 어떻게 해야 할까? 아쉽게도, 그리고 당연하게도 수학처럼 명쾌하게 답이 나오는 공식은 없다. 부정적인 지표가 있더라도 그것을 극복할 만한 요인이 있다면 투자를 할 수 있다. 모든 지표가 다 좋더라도 경영자에게 신뢰가 가지 않아서 투자를 철회하기도 한다. 종합적인 판단이 필요한 것이다.

모든 결정이 그렇듯, 최후의 순간에는 주관적인 판단이 필요하다. 정보를 찾고 공부하는 것은 이 주관적인 판단에 확신을 가지기 위해 필요한 객관적인 정보를 수집하는 과정이다. 똑같은 정보라도 어떤 사람은 의미 없이 그냥 넘기고, 어떤 사람은 미래의 전망을 발견한다. 결국 통찰력을 가져야 한다는 이야기인데, 이는 정보를 충실히 모으는 것만으로는 생기지 않는다. (수집할 수 있는 모든 정보를 수집해야 하는 것은 기본이다.) 주식투자에 대한 통찰력도 인생에서 나온다고 말하면 과장일까. 모든 면에서 느긋하고 정도를 밟아온 사람이 주식투자를 할 때만 조급하고 비상식적인 수익을 노릴 가능성은 낮다. 기업에 대한 통찰 역시 그간의 경험, 지식, 사고방식, 성향 등에 의해 결정된다. 물론 정보를 충분히 모으지 못하면 인생에 대한 태도와 상관없이 통찰력을 발휘하지 못한다. 통찰력은 경험과 지식이 한 사람의 머릿속에서 융합되면서 나오는 것이기 때문이다.

나는 열심히 공부하고 많이 움직이라는 말씀을 드리고 싶다. 움직인다는 것은 이런 것이다. 매장을 방문한다, 기업이 있는 곳에 가서 직원들의 표정을 본다, 인근 식당 등에서 그 기업을 아는지 물어본다, 부동산 중개업소에서 기업이 소유한 땅의 가치를 물어본다, 주식 담당자에게 전화를 한다, 월차를 내서라도 주주총회에 참석한다……. 이렇게 적극적으로 활동하다 보면 복잡하게 얽혀 있던 정보들이 명쾌한 몇 마디 말로 정리가 될 것이다. 그것이 바로 통찰이다.

'이렇게 하다가는 한 종목에 본격적인 투자를 하는 데 너무 많은 시간이 걸리겠는데…….'

아마 열에 아홉은 이런 생각을 하게 될 것이다. 기업을 조금씩 알아가면서, 확신의 강도를 높여가면서 주식을 매수해 나가다 보면 1년에 한 종목 투자하는 것도 버거울 수 있다. 그러나 이제 시작하는 개인 투자자라면 1년에 한 종목만 발굴해도 충분하다. 전업 투자자인 나도 가장 짧은 기간에 매수를 끝낸 것이 6개월이다. 2년에 한 종목이라도 여러분에게 확신을 주는 기업에 투자해야 한다.

지금 여러분 손에 있는 돈은 확실히 여러분의 것이다. 그것을 불확실한 기업에 투자할 수는 없다. 주식투자는 미래를 보고 하는 것이니 100% '확실'하다고 말할 수는 없지만 90% '확신'할 수는 있어야 한다. 나머지 10%는 투자를 한 뒤 그 기업과 동행하면서 꾸준히 관찰하고 분석하는 데 필요한 합리적 의심이다. 그렇게 조금씩 눈덩이를 키운다는 생각으로 투자를 해 나간다면 깜짝 놀랄 만한 결과를 얻게 될 것이다.

두뇌의 회로를 바꿔라

영화 같은 상황을 설정해보자. 여러분은 미래의 어느 날, 벼르고 별러 혼자만의 크루즈 여행을 떠난다. 배는 항구를 떠나 망망대해로 몇날며칠을 항해한다. 깜깜한 바다, 그 위에 보석처럼 박힌 별을 본 여러분은 기분이 너무 좋아서 가볍게 술을 한잔한다. 그러다 아뿔싸, 그만 발을 헛디뎌 바다에 빠지고 만다. 정신을 차리고 보니 어딘지 알 수 없는 무인도다. 생존을 위한 사투를 벌여야만 하는 상황이다.

섬에 대해 아무것도 모르는 여러분은 사소한 것 하나까지 신경을 곤두세우고 관찰한다. 섬에 있는 모든 것들은 여러분의 생존과 직결되어 있기 때문이다. 바위틈을 잘 관찰해야 조개류를 채집할 수 있고, 물고기가 많이 노는 곳을 알아야 생선을 먹을 수 있다.

숲 속을 걸을 때는 머리 위부터 땅까지 관찰하면서 걸어야 한다. 열매 달린 나무가 있을 수도 있고, 땅에는 뱀이 있을 수 있다. 동물의 배설물이 있는지도 봐야 한다. 육식동물이 있다면 그에 대한 대비책도 세워야 한다. 머지않아 섬에 관한 거의 모든 것이 머릿속에 저장될 것이고, 그것들이 연결되어 있는 방식을 이해하면 생존하는 데 결정적인 도움을 받을 수 있다. 어떤가. 한번 해볼 만하다는 생각이 드는가, 아니면 도저히 생존할 수 없을 것 같은가.

나는 여러분이 무인도에 떨어진 것처럼 주변의 사물과 현상을 관찰한다면 반드시 성공한 주식투자자가 될 것이라고 확신한다. 우리는 매일 수많은 정보를 접한다. 여기서 정보란 아침에 일어나서 잠들 때까지 우리가 보고 듣는 모든 것이다. 따라서 눈과 귀를 닫지 않는 한 정보의 홍수를 피할 길은 없다. 그런데 대다수의 사람들이 그런 정보들을 보면서 '그런가 보다' 하고 습관적으로 지나쳐버린다. 해당 정보가 의미하는 바에 대해서는 생각하지 않는 것이다. 물론 에너지의 한계가 있으므로 모든 정보의 의미를 생각해볼 수는 없고, 또 그럴 필요도 없다. 한두 가지만 잘 잡아서 파고들어도 '미래를 내다보는 투자'가 가능하다.

주식투자를 시작하면 주가에 즉각적으로 영향을 미치는 정보들을 수없이 접하게 된다. 기업에 직접 영향을 미치는 국가 정책이나 대규모 공급 계약을 했다는 공시 등이 그것이다. 주식시장에는 이런 정보를 쫓아다니는 사람들이 여간 많지 않다. 하루 종일 뉴스만 보고 있는지 기사가 나오자마자, 혹은 공시가 뜨자마자 주가가 들썩들썩한다. 열심히 이런 정보들을 쫓아다니면 몇 번은 수익을 낼 수도 있다. 남들보다 조금 더 빨리 매수 주문을 낸다면 몇 분 사이에 꽤 많은 수익이 나기도 한다.

그런데 왜 주식투자에서 성공한 사람들은 하나같이 긴 안목을 요구하는 것일까. 이렇게 쉽게 수익을 낼 수 있는 방법이 있는데 말이다. 정보에 따라 부화뇌동하는 주식투자는 결국 실패할 수밖에 없다는 데 그 이유가 있다. 정보의 의미도 모르면서, 공시가 기업의 가치에 어떤 영향을 미치는지도 모르면서 남들이 사면 사고 팔면 파는 투자가 어떻게 성공할 수 있겠는가.

내가 말하는 '미래를 내다보는 투자'에서 '미래'는 3~5년 후를 말한다. 세상의 흐름을 감지하면 어떤 업종에 볕이 들지 알 수 있다. 물론 볕이 든다고 모든 씨앗이 싹을 틔우는 건 아니다. 세상의 변화를 읽고 미리 준비한 기업만이 시대의 흐름을 타고 성장할 수 있다. 그런 기업을 찾고 지켜보는 시간이 1~2년이고, 확신이 들었을 때 투자하고 기다리는 시간이 다시 2~3년이다. 이런 방식으로 투자를 해야 마음이 평화로운, 행복한 투자자가 될 수 있다.

●

연결하고 상상하는 습관을 가져라

자전거의 레저화는 이제는 모두가 알고 있는 정보다. 하지만 자전거 열풍이 불기 시작한 초창기에 이 현상에서 투자 정보를 읽어낸 이들은 많지 않았다.

여러분은 점점 늘어나는 자전거 인구를 보면서 무슨 생각을 했는가. 아파트 현관마다 자물쇠가 걸려 세워져 있는 자전거를 보면서 무슨 생각을 했는가. 헬멧을 비롯한 각종 보호장비를 착용하고 살짝 민망해 보이는 복장으로 자전거를 타는 사람들을 보면서 무슨 생각을 했는가. 혹시 '대충 타면 되지, 뭘 저렇게 유난이람' 하며 혀를 차지는 않았는가. 나는 한강에서 자전거 타는 사람들을 보면서 자전거라는 상품의 의미가 달라지고 있음을 알았다. 이동수단이었던 자전거가 레저스포츠로 패러다임의 변화를 일으키고 있다고 판단했다. 그 판단에 따라 삼천리자전거에 투자했고 큰 수익을 냈다.

고가의 아웃도어 제품을 입고 등산하는 걸 보면서는 무슨 생각을 했는가. '옷만 보면 안나푸르나 등반하는 줄 알겠어. 대충 입으면 되지. 하여튼 한국 사람들 큰일이야'라며 과소비를 걱정하지는 않았는가. 최근 4~5년 동안 영원무역, 한세실업, 태평양물산의 주가를 직접 확인해보시라. 여러분이 무심코 지나쳤던, 모두가 알고 있었던 정보가 얼마나 큰 기회였는지 깨닫게 될 것이다. (단, 이런 정보들은 '공부의 시작'이 되어야지 '투자의 시작'이 되어서는 안 된다. 활황인 업종 내에서도 성장하지 않는 기업이 있다. 좋은 업종 내에서 좋은 기업을 골라 투자해야 한다.)

지금까지는 그랬다고 해도 주식투자자가 된 이상 이제는 생각

> 투자자는 늘 세상의 변화를 예의 주시하면서 그 변화가 본격화될 때
> 어떤 기업의 상품이 더 많이 팔릴 것인지를 고민하고
> 그 상품을 가장 잘 생산하고 잘 파는 기업을 찾아야 한다.
> 기회는 모든 사람의 눈앞을 지나다니지만
> 미리 식견을 쌓아둔 사람만이 그것이 기회임을 알아본다.

을 바꿔야 한다. 저 자전거는 누가 만들까? 자전거 인구는 앞으로 늘어날까, 줄어들까? 부모가 자녀에게 사주는 자전거의 교체 주기는 몇 년이나 될까? 땀은 배출하고 체온은 지켜준다는 아웃도어 제품 중 소비자들이 선호는 건 어떤 기업의 제품일까? 여중생인 조카의 방에서 미소 짓고 있는 연예인의 소속사는 어디일까?

이처럼 생활 속에서 투자 기회를 발굴해내기 위해서는 질문하는 습관을 들여야 한다. 습관적으로 보고 넘기던 것들을 다시 짚어보고 질문하는 훈련을 해야 하는 것이다. 물론 하루아침에 되지는 않는다. 의도적인 훈련을 통해 뇌의 회로를 투자자의 그것으로 바꿔야 한다. 새로운 행동을 습관으로 만들려면 한 달 정도가 걸린다고 하니, 부자가 되기 위한 통과의례치고는 약소하다.

이렇게 질문을 던지다 보면 무덤덤하던 세상만사가 흥미진진하게 다가온다. 일주일에 하나, 그것이 무리라면 2주에 하나의 질문만 해결해도 좋다. 물론 처음에는 시간도 많이 걸리고 힘도 든다. 관련 정보를 찾아 읽어도 이해가 되지 않을 수도 있다. 세상은 아

는 만큼 보이고, 보는 만큼 아는 법이다. 그리고 아는 만큼 유리한 위치를 차지할 수 있다.

지식을 쌓는 데 질문만큼 좋은 도구는 없다. 끊임없이 질문하고 답을 찾으며 지식을 쌓다 보면 식견이라는 게 생긴다. 기회는 모든 사람의 눈앞을 지나다니지만 미리 식견을 쌓아둔 사람만이 그것이 기회임을 알아본다. 투자자는 세상의 변화를 예의 주시하면서 그 변화가 본격화될 때 어떤 기업의 상품이 더 많이 팔릴 것인지를 고민하고 그 상품을 가장 잘 생산하고 잘 파는 기업을 찾아야 한다. 누누이 강조하지만, 시세라는 창으로는 세상의 변화가 보이지 않는다.

주식시장에서는 남 따라 가다가는 막차 탈 가능성만 높아진다. 먼저 가서 기다리고 있어야 한다. 지금부터 투자자의 두뇌 회로로 바꿔 나간다면 얼마든지 가능한 일이다. 결국 습관이 여러분을 가난한 채로 살게 하거나, 부자로 만들어줄 것이다.

미래에 대해 겸손하라

"수십 권의 책을 읽었다. 경제신문도 보고 있고 증권방송도 매일 본다. 손절매한 적도 있지만 수익을 낸 경우가 더 많다. 주식 이야기라면 혼자서 2시간도 떠들 수 있다. 주식투자를 어떻게 해야하는지 감이 온다."

이렇게 말하는 분들을 보면 나는 정말 걱정스럽다.

초보운전자일 때는 접촉사고를 낼지언정 대형사고는 일으키지 않는다. 운전에 대한 긴장감이 안전 운행을 하도록 만들기 때문이다. 초보운전자는 같은 도로에 있는 다른 차량들보다 천천히 간다. 신호등에 노란불이 들어오면 서고, 파란불이 들어온 것을 확인한 뒤 가속 페달을 밟는다. 운전을 할 때는 전화는커녕 대화조차 많이 하지 않는다. 음주운전은 그의 사고 체계에 없다.

그런데 1~2년쯤 지나면 달라진다. 추월당하면 기분이 나쁘고 앞에서 달리던 차가 백미러에서 멀어지면 기분이 좋아진다. 신호등이 노란불로 바뀌어도 과감하게 페달을 밟고, 칼같이 신호를 지키는 운전자에게 오히려 삿대질을 한다. 시속 100km로 달리면서 전화 통화와 커피를 동시에 즐긴다. 경찰이나 카메라가 없다면 교통법규를 위반하는 것이 이익이라고 생각한다.

투자의 세계에서도 이런 현상이 나타난다. 투자는 현재를 통해 미래를 예측하는 것이기에 기본적으로 자신의 판단에 대한 자신감이 필요하다. 나는 기업에 대한 확신이 생기면 과감하게 투자를 한 뒤 2~3년을 기다린다. 이보다 더 빨리 내가 예측했던 미래가 현실이 되기도 하고 더 늦기도 한다. 모든 예측이 그렇듯 현실이 되지 않는 경우도 있다.

그런데 그동안 짭짤한 수익을 냈고 스스로 '주식투자의 감'을 잡았다고 생각하는 사람은 미래를 훤히 내다본다는 듯이 행동한다. '차트를 봐. 이건 상승할 수밖에 없어' '두세 달 이내로 상한가 몇 번은 나올 거야'라는 식이다. 시장의 흐름도 알고, 단기적인 주가의 흐름도 알고, 기업의 미래도 딱 보면 안다고 생각한다. 미래를 훤히 알기에 기업을 관찰하고 소통하고 기다리는 노고 따위는 필요 없다. 이로써 대형사고를 칠 조건이 갖춰진다. 자만심과 탐욕의 결합이다.

대형사고는 늘 '확실한' 종목에서 터진다. 차트는 골든크로스를 그리고, 대형 호재가 될 공시를 앞두고 있으며, 주가는 이미 바닥이라 더 떨어질 일이 없다. 몇 개월 안에 크게 상승할 것이 확실하다. 그렇다면 해야 할 일은 한 가지밖에 없다. 보유하고 있는 모든 자금을 끌어모으고, 가족과 친구에게 돈을 빌리고, 은행에서 대출을 받은 다음 신용매수를 한다. '몰빵'은 기본이다. 상한가 한두 번만 나와주면 빌린 돈과 이자를 갚고도 원금의 몇 배는 벌 수 있다. 너무 위험한 '벼랑 끝 전술'이 아니냐는 누군가의 걱정은 뭘 몰라서 하는 말이다. 몇 개월 이내에 괜한 걱정이었음을 알고 동참하지 않은 것을 후회할 것이다.

주식으로 수억, 수십억 원을 번 사람들이 왜 하루아침에 신용불량자가 되었는지 생각해봐야 한다. 그들은 불확실한 종목에 전 재산을 건 것이 아니었다. 차트든, 기업에 대한 분석이든, 내부 정보든 확실하게 믿는 구석이 있었다. 그들에게 미래는 이미 실현된 것이나 다름없었다. 남은 일은 큰 수익을 내고 승리의 함성을 지르는 일밖에 없다고 여겼다.

물론 '장담했던 미래'가 현실이 될 때도 있다. 처음부터 밑도 끝도 없이 자신의 통찰력과 정보력에 감탄하면서 미래를 장담하는 사람은 없다. 예상했던 미래가 현실이 되는 경험, 선취한 정보로 크게 수익을 냈던 경험이 반복되면서 과감하게 미래를 예언하게 되는 것이다. 이러한 자만심은 결국 투자자를 신용불량자로 만든다. 예언이 빗나가는 시기가 늦게 올수록 대가는 더욱 혹독해진다. 동원 가능한 자금이 많아질수록 빚의 규모도 커지기 때문이다.

차트는 과거의 주가 흐름과 거래량을 그려놓은 그래프일 뿐이다. 때로 작전세력은 막대한 자금을 동원해 차트를 '예쁘게' 그리기도 한다. 경영자에게 들은 정보라 해도 100% 확실하지는 않다. 작전일 수도 있고 경영자의 오판일 수도 있다. 기업에 대한 분석을 제대로 했어도 그것이 시장에서 인정받는 데는 시간이 걸린다. 그 사이에 주가는 기업의 가치보다 훨씬 낮게 형성되기도 한다.

시장은 여러분이 신용매수를 했든, 대출을 받았든 사정을 봐주지 않는다. 여러분의 계좌를 깡통으로 만든 다음에 기업의 가치를 인정해주기도 한다. 아홉 번의 예언을 맞춰도 딱 한 번 틀린 것 때문에 회복할 수 없는 지경이 될 수 있다. 자만심과 탐욕에 사로잡힌 사람은 결코 아홉 번에서 멈추지 못한다.

미래는 불확실하다. 이 불확실성은 투자자의 예측을 영원히 현실로 만들어주지 않을 수도 있고, 예상보다 훨씬 더 늦은 시점에 현실로 만들어줄 수도 있다. 우리는 '확실하다'와 '확신하다'라는 말의 차이를 알아야 한다. 과거의 일은 확실하지만 미래에 벌어질 일 중에 확실한 것은 없다. 아무리 객관적인 근거를 가지고 예상한다고 해도 100% 확실하게 현실이 된다는 보장은 없다. 확신할 수 있을 뿐이다. 게다가 그것이 언제 현실이 될지는 아무도 모른다.

나는 투자하는 기업의 장기적인 미래는 확신한다. 그러나 단기적인 주가의 흐름을 예측하지는 않는다. 주가는 언제나 기업의 가치를 반영하지만, 또 언제나 시차가 발생하기 때문이다. 특정 시점의 미래(대부분은 단기적인 미래)를 확실하다고 장담하는 순간 자만심에 의한 투기가 된다.

주식시장에서 자신의 예상이 현실화되는 경험을 몇 번 하고 나면
과감하게 미래를 예언하게 된다.
그러나 이러한 자만심은 결국 막대한 손실로 돌아온다.
미래는 불확실하다. 다만 확신할 수 있을 뿐이다.
투자하려는 기업의 성장을 확신할 때까지
인내심을 가지고 공부하는 것이 중요하다.

상당한 지식과 경험을 쌓았더라도 투자에 대한 자신감의 근거는 노력과 인내심에서 찾아야 한다. 기업을 공부하고 소통하는 노력, 기업이 성장할 때까지 기다리는 인내심만을 자신감의 근거로 삼아야 한다. 그리고 시간이라는 무기를 손에 쥐고 있어야 한다. 무슨 이유에서든 조바심을 낸다면 시간은 여러분의 적이다. 수십 년 동안 투자해온 대가라 할지라도 이 사실은 변하지 않는다.

차트 지식을 쌓는다  **기업의 가치를 파악한다**

차트는 유용하다. 숫자만으로는 파악하기 힘든 주가와 거래량의 흐름을 한눈에 볼 수 있다. 주가의 등락이 어느 정도인지도 알 수 있고, 경제적 이슈나 공시가 있었던 기간에 주가가 어떤 반응을 보였는지 점검하기도 쉽다. 차트는 편리하게 쓸 수 있는 도구임에 분명하다. 그러나 거기까지다.

주가와 거래량을 파악하는 등 과거의 일들을 확인하는 데 편리한 도구지만 미래를 예측할 수 있는 지표는 아니다. 주가와 거래량으로 만든 그래프로 기업의 미래를 알 수 있을 리 없다.

그런데 왜 차트 신봉자들은 사라지지 않을까. 우선은 확률이 높기 때문인 듯하다. '데드크로스가 발생했으니 주가가 하락할 것이다'라는 예언을 한다고 하자. 이 예언이 맞을 확률은 무려 50%로, 대단히 높다. 오르거나 내리거나 둘 중 하나이기 때문이다. 홀짝 게임을 하듯 투자를 하고 싶다면 차트를 맹신해도 된다. 다만 투자에서 50%의 승률을 지속적으로 거두면 투자금이 점점 줄어든다는 점은 감안해야 한다. 20%의 수익과 20%의 손실을 반복한다고 가정하고 계산을 해보라. 투자금이 점점 줄어든다는 것을 알게 될 것이다. 여기에 거래세와 수수료까지 제하면 줄어드는 속도는 더 빨라진다.

차트 신봉자들이 건재한 또 하나의 이유는 투자하기가 쉽기 때문이다. 기업의 가치를 파악하려면 많은 노력과 시간이 든다. 업종의 전망, 업종 내에서의 경쟁력, 재무 건전성, 지분 구조, 경영자의 능력과 도덕성 등 공부할 것이 한두 가지가 아니다. 더구나 한 번으로 끝나는 공부가 아니라 지속적인 관심이 필요하다. 이에 비해 차트 투자는 참 쉽다. 공식에 대입하기만 하면 된다. 내일의 주가를 예측하므로 기업이 성장할 때까지 기다릴 필요도 없다. '차트쟁이'들은 그렇게 간단한 것이 아니라고, 차트를 해석하는 투자자의 노하우도 필요하다고 하지만 홀짝 게임에서 크게 벗어나지 않는다.

나는 이 책에서 '공부'라는 단어를 100번 이상 썼다. 기업의 가치를 파악하려면 공부하지 않을 수 없다. 기업의 가치도 모르면서 기업에 투자한다는 것은 얼마나 허무맹랑한 발상인가.

66

**은밀한 정보에
귀 기울인다**

**생활 속에서
기회를 발견한다**

99

주식시장에는 늘 확인되지 않은 정보가 넘쳐난다. '찌라시'에도, 온라인 카페나 블로그에도 그럴듯한 정보는 있다. 사실이기만 하면 '대박'이지만 누구에게나 공개된 정보는 전혀 매력적이지 않다. 사실인지 아닌지 의심스러울 뿐만 아니라 모두에게 공개된 정보라면 사실이라도 가치 없는 것이기 쉽다. 이런 정보를 곧이곧대로 믿고 투자하는 사람은 없을 거라고 생각한다.

투자자들을 움직이는 '은밀한' 정보는 언제나 신뢰할 만한 사람에게서 나온다. 친구, 친척, 예전부터 알고 지내던 사람 등······. '은밀하고 귀한' 정보를 바탕으로 한 투자가 항상 손실을 가져다준다면 누구도 정보 매매를 하지 않을 것이다. 그런데 종종 성공한다. 그래서 은밀한 정보는 매력적이다. 정보가 사실로 확인되었을 때 단기간에 돈을 벌었다는 기쁨도 있지만, 은밀한 정보를 먼저 알고 있었다는 우월감이 주는 기쁨도 만만치 않다. 그래서 지금도 뭐 좋은 정보 없느냐고 묻고 다니는 사람이 있는 것이다.

그러나 정보 매매는 아홉 번을 잘해도 한 번 실패하면 회복할 수 없는 지경까지 손실을 안겨준다. 투자를 시작한 뒤 아홉 번을 정보 매매로 성공했다면 갈수록 과감한 투자를 하게 될 것이다. '확실한' 정보니까 대출을 받아서라도 투자를 한다. 그러나 그 확실한 정보도 한 번은 헛소문일 때가 있다. 투자금이 많을수록 대출금 액수도 불어나니까 결론은 제로이거나 마이너스가 된다.

　　투자의 기회는 생활 속에 있다. 은밀하고 귀하며 특별한 정보는 자주 거짓말을 하지만, 생활 속에서 발견한 정보는 거짓말을 하지 않는다. 우리의 생활이 기업의 활동을 가능하게 하고 기업이 생산하는 상품이 우리의 생활을 가능하게 하기 때문이다. 은밀한 정보를 쫓아다니는 이들 역시 차트 신봉자처럼 노력이라는 대가 없이 수익을 내려는 사람들이다. 세상에 공짜는 없다.

5장

어떤 기업과
동행할 것인가

Which corporation will you go with?

여러분에게 기업이란 무엇인가

기업(企業)

: 영리(營利)를 얻기 위하여 재화나 용역을 생산하고 판매하는 조직체.

국립국어원 표준국어대사전에 있는 '기업'의 정의를 그대로 옮겨 놓았다. 무슨 말인지 이해는 되는데 피부에 와 닿는 정의는 아니다. 그래서 여러분에게 묻고 싶다.

"여러분에게 기업이란 무엇인가?"

이런 '이상한' 질문은 받은 적이 없을 것이다. 기업이 어떤 존재인지 생각하지 않아도, 굳이 정의하지 않아도 살아가는 데는 아무런 불편이 없었다. 만약 여러분이 스스로에게 이 질문을 던지면서 고민을 했다면, 해답이 나오지 않아 친구들에게 자문을 구했다면,

밥 먹고 할 일 없으니 별 시답잖은 호기심이 발동하는 모양이라는 핀잔을 들었을 것이다. 그러나 이제 이 '시답잖은' 질문을 진지하게 해볼 때가 되었다.

'주식투자'라는 말은 다들 쓰고 있고 나 역시 종종 쓰는 표현이긴 하다. 하지만 정확하게 표현하려면 '기업에 대한 투자'라고 해야 한다. 그러니 주식투자를 제대로 하려면 기업에 대한 올바른 정의를 내리는 것이 먼저다. 기업에 대한 정의가 올바로 서 있지 않으면 올바른 투자 역시 불가능하다.

먼저 여러분이 가지고 있는 기업에 대한 이미지가 어떤지 묻고 싶다. 여러분에게 기업은 어떤 이미지로 떠오르는가? 지금까지 내 경험으로는 기업에 대해 부정적인 이미지를 가진 사람들이 압도적으로 많았다. 언론에 오르내리는 기업 관련 뉴스들은 무미건조하거나 그들만의 잔치이거나 부도덕한 행위에 대한 비난이 주종이다. 간혹 미담이 있으나 광고의 다른 형태로 여겨지기 일쑤다.

소비자를 봉으로 알고 갖은 눈속임으로 여러분의 지갑을 털어가는 야비한 집단, 세계와 경쟁한다면서 한편으로는 골목 상권에 입맛을 다시는 탐욕스러운 재벌, 노동자들의 고혈을 빨아 자기 배를 불리는 기업주……. 상당수 사람들이 '기업'이라는 말을 들었을 때 떠올릴 법한 이미지들이다.

여러분도 이와 같은 이미지를 가지고 있다고 가정해보자. 그리고 그 이미지를 여러분의 직장과 겹쳐보자. 우리는 아침에 '회사'에 출근하지 '기업'에 출근하지는 않는다. '직장'에 다니지 '기업'에 다니지는 않는다. 내가 일하는 기업과 그렇지 않은 기업을 분리하는 용어들이다. 그러나 사실 나의 직장도 누군가에게는 기업이다. 우리는 타인의 직장에서 생산한 "재화나 용역"을 사용하고, 타인 역시 여러분의 직장에서 생산한 "재화나 용역"을 사용하면서 살아간다.

●
기업은 우리 삶의 터전이다

"재화나 용역"의 종류는 한없이 많다. 아기가 먹는 분유, 꼬맹이를 즐거운 폭주족으로 변신시키는 세발자전거, 먼 거리에 있는 가족의 안부를 묻거나 조금 전까지 같이 있었던 연인에게 사랑을 속삭이는 데 사용하는 핸드폰, 왠지 모르게 기분이 좋아지게 만드는 새 옷, 지구가 네모였던 시절에는 있는 줄도 몰랐던 나라에 데려다주는 비행기, 그리고 먼 훗날 언젠가 우리의 마지막 여행을 도와줄 장례식장까지. 요람에서 무덤까지 우리는 "재화나 용역을 생산하고 판매하는 조직체"를 바탕으로 살아간다.

그래서 나에게 기업은 우리 삶의 터전이다. 여러분이 직장이라고 부르는 기업에서 일을 하고 그곳에서 받은 월급으로 사랑하는 사람과 밥을 먹듯이, 타인도 그들이 직장이라고 부르는 기업에서 일을 하고 삶을 영위하고 있다. 이것이 수익률, 손실률, 상한가, 하한가, 폭등, 폭락, 박스권, 이평선, 신고가 등의 용어에 가려져 있던 기업의 본질이자 정의다.

나는 여러분에게 기업에 대한 개념을 재정립하라고 요구하고 있다. 직장에 여러분과 동료들이 있는 것처럼 여러분이 투자하는 기업에도 사람이 있다. 그들이 생산하는 재화와 용역이 어떤 방식으로 사람들에게 삶의 터전을 제공하는지 생각해보라. 기업에 대해 부정적인 이미지를 가지고 있으면서, 부도덕하다고 욕하면서 그곳에 투자해서 돈을 벌려고 한다는 것은 난센스다. 올바른 주식 투자는 기업에 대한 개념을 바꾸는 데서 시작된다고, 나는 생각한다. 그래야 매매 게임의 늪에 빠지지 않을 수 있다.

수익만을 생각하고 투자하면 숫자밖에 보이지 않는다. 그러나 삶의 터전이라고 보면 그 기업이 존재하는 이유, 혹은 존재해야 하는 이유가 보인다. 여러분의 투자금은 그 기업이 존재를 이어가면서 사람들에게 더 나은 삶의 터전을 제공하는 데 도움을 준다. 투자 수익은 그 도움에 대한 보상이다. 이런 이유 때문에 나는 '○○ 기업에 투자해주었다'라는 표현을 자주 사용한다.

삶의 터전이라는 관점에서 투자할 기업을 보면 지금까지 보지 못했던 면을 발견하게 된다. 덕분에 나는 다른 사람은 발견하지 못한 가치를 미리 볼 수 있었고, 그것이 내가 어떤 기업에 투자하는 주된 이유가 되었다. 그 가치가 흔들리지 않는 한 주가가 하락해도 마음이 흔들릴 이유가 없었다. 시간이 지나면 세상은 기업이 가진 가치를 인정해주었다. 이 같은 과정의 반복이 오늘날의 내 자산을 일구어주었다.

경영자의 선택이 기업의 미래다

인생의 어느 시점에서 과거를 돌아보면 현재의 자신을 만든 몇몇 중요한 지점들이 보인다. 좋은 쪽이든 나쁜 쪽이든 그때 그런 선택을 하지 않았다면 지금과는 사뭇 다른 인생을 살게 되었으리라 생각되는 것들이 있다.

내 경우를 보면 국민학교(초등학교) 6학년 때 담임 선생님의 도움으로 중학교에 간 것, 산골에 살다가 상경한 것, 20대 중반에 대학교수님의 권유로 증권분석사 시험을 치른 것, IMF 사태를 거치면서 주식투자의 본질을 깨달은 것, 그리고 9.11 테러 때 위기 너머의 기회를 본 것 등이 있겠다.

당시에는 인생 전부가 걸린 것처럼 고민했지만 지나고 나니 고민했다는 기억만 있을 뿐 무엇 때문에 괴로워했는지 기억나지 않는 선택도 있고, 전혀 의도하지 않은 우연한 선택이 인생의 항로를 크게 바꾸기도 한다. 결과를 의도했든 의도하지 않았든, 크고 작은 선택이 우리의 인생을 결정한다.

기업의 현재와 미래도 그렇다. 기업의 역사를 되짚어가다 보면 기업의 현재를 만든 결정적인 선택이 보인다. 특정 기간에 기업이 크게 성장했다면 그 이전의 어떤 시점에 좋은 선택을 한 것이고, 그 반대라면 적절하지 않은 선택을 한 것이다. 미래는 과거부터 현재까지 어떤 선택을 하느냐에 따라 달라진다. 그러한 선택을 한 사람들의 정점에 우리가 동업자로 선택할지도 모를 경영자가 있다.

친구가 동업으로 사업을 시작한다고 할 때 여러분은 이런 질문을 할 수 있다.

"동업한다는 그 사람, 어떤 사람이야? 믿을 만해?"

"전에는 무슨 일을 했어?"

"그 사람은 뭘 잘해?"

이 질문들은 모두 '그의 어떤 면이 동업을 했을 때 함께 성공할 수 있으리라는 확신을 줬는가'라는 뜻으로 수렴된다. 만약 여러분의 친구가 "응, 그 친구 서울대 나왔어"라고 답한다면 여러분은 뭐라고 말하겠는가? 정신 나간 바보가 아닌 다음에야 서울대 졸업생이라는 이유만으로 동업을 결정하지는 않는다. 같이 일을 해봤는데 추진력이 대단하다거나, 경력과 주변의 평판을 조합해봤을 때 자신의 약점을 보완할 강점을 갖고 있다는 등 합리적인 이유가 있어야 한다. 그렇지 않으면 함께 장렬하게 망하기 십상이다. 동업자의 도덕성에 문제가 있다면 야반도주의 위험도 있다.

주식시장에 몸담은 지 20년이 훌쩍 넘었고 그동안 수백 개 기업에 탐방을 갔지만 경영자를 아는 일은 여전히 어렵다. 한 이불 덮고 수십 년을 같이 살아도 '저 인간이 왜 저러나' 할 때가 있다는데 술 한잔, 밥 한 끼 같이 먹어본 적 없는 경영자의 속내를 속속들이 안다는 건 불가능하다. 그렇다고 불가지론을 내세우며 검토 대상에서 제외해서는 안 된다. 과거의 행적을 통해 몇몇 중요한 포인트는 확인할 수 있다.

그가 경영을 시작한 이후 기업이 꾸준히 성장해왔는지 봐야 한다. 장기적인 안목의 성장과 안정성을 말하는 것이지 우상향 직선 그래프를 말하는 것은 아니다. 그가 전문 경영인이라면 이전에 있었던 기업의 상황을 알아볼 필요도 있다. 그를 영입한 이유도 중요하다. 조직 정비를 위한 포석일 수도 있고, 성장을 위한 투자에 초점을 둔 인사일 수도 있다. 그 역할을 잘해내고 있는가가 관건이다.

매출이나 영업이익만 보고 그의 능력을 평가하기에는 이르다. 영업이익이 꾸준히 상승하다가 최근 몇 년 사이 주춤하는 경우도 있다. 새로운 성장을 위한 준비를 하고 있는지, 속수무책으로 무너지고 있는지 알아야 경영자에 대한 판단이 가능하다.

배당도 경영자(또는 대주주)의 성향을 파악할 수 있는 지표다. 기업은 날로 성장하는데 배당을 하지 않는다면 기업 경영은 잘하는데 주주들에 대한 배려는 없는 경영자다. 차익을 내고 팔든지 말든지 알아서 하라는 '경영 방침'을 고수하는 경영자도 있다. 배당만 많이 주면 좋은 기업인가? 거둔 수익에 비해 배당을 많이 주는 기업도 있다. 그러나 많이 준다고 무조건 좋은 것은 아니다. 적정한 돈을 남겨서 위기에 대응하고 새로운 성장 동력도 발굴해야 한다. 배당을 많이 주는 기업들 중에는 대주주와 그의 가족들이 대부분의 지분을 가지고 있는 경우도 있다. 기업의 성장에는 관심이 없는 듯하다.

언론 노출이 잦은 경영자도 조심스럽다. '빌 게이츠는 길거리에 떨어져 있는 100달러짜리 지폐를 주우면 손해 본다'라는 말이 있다. 1초당 150달러를 벌기 때문에 50달러 손해라는 것이다.(빌 게이츠 본인은 100달러를 주울 것이냐는 물음에 줍겠다고 답했다.) 빌 게이츠까지는 아니더라도 우리 경영자들의 시간도 비싸기는 마찬가지다. 기업이나 제품 홍보를 위한 전략이 있다면 모를까, 단순히 언론 노출을 즐기는 경영자라면 문제가 있다. 때때로 내부 균열이 발생한 기업이 그 위에 페인트칠을 하기 위해 언론을 이용하는 경우도 있다.

재무제표에 나타나는 지표가 나빠도 경영자만 잘 들어오면 회사는 좋아진다. 유보율이 1000% 이상인 기업이라도 자기가 똑똑한 줄 아는, 그러면서 탐욕스럽고 무능력한 사람이 경영자 자리에 앉으면 순식간에 망가진다. 업종을 제외한 기업의 거의 모든 요소가 경영자의 결정에 따라 달라진다. 그래서 경영자를 파악하는 일은 정말 중요하다.

●

기업가 정신을 가진 동업자에게 돈을 맡겨라

경영자에 관한 것이라면 무엇 하나 중요하지 않은 게 없지만 가장 중요한 부분은 역시 '기업가 정신'이다. 경영자의 행위가 기업가 정신에 부합하느냐, 그렇지 않느냐를 법정에서처럼 명확하게 가르는 잣대는 아직 없다. '정신'에 대한 것이고 경제 상황에 따라 달라지기도 할 테니 엄밀한 기준을 적용하기도 어렵다. 그래도 전반적인 정의는 가능하다. 기업가 정신에 대한 내 정의는 다음과 같다.

창의적인 아이디어로 우리의 삶을 보다 편리하고
윤택하게 만드는 동시에 사회적 책임을 잊지 않는 정신.
미래를 내다보는 통찰력을 바탕으로 새로운 것에
과감히 도전하는 혁신적이고 창의적인 정신.

덧붙이자면 제품에 대한 자부심, 사회적 역할에 대한 사명감, 직원들에 대한 책임감 등도 포함할 수 있겠다.

경영자의 마음을 햇볕 아래 펼쳐놓고 기업가 정신이 있는지 없는지 살펴볼 수 있으면 좋겠지만, 여러분들처럼 나도 방법을 모른다. 그래도 나는 형편이 나은 편이다. 특별히 소통이 안 되는 경영자가 아니면 한두 번 이상 만날 수 있고 가끔 통화도 할 수 있기 때문이다. 물론 여러분이라고 방법이 전혀 없는 것은 아니다.

우선 포털사이트에서 경영자의 이름을 검색해 시간 순으로 읽어 보라. 그의 역사가 보일 것이다. 특히 인터뷰 기사는 유심히 보기 바란다. 효과적인 전달을 위해 기자가 일부 단어나 문장을 바꾸기 는 하지만 자주 쓰는 단어나 문장이 있다. 인터뷰 때마다 직원들 의 노고를 잊지 않는 사람도 있고, 혼자서 모든 것을 일군 것처럼 말하는 사람도 있다. 비약적인 매출 성장을 자주 약속하기도 하 고, 경기의 어려움을 반복적으로 토로하기도 한다.

미래에 대한 포부를 밝혔을 때는 차후에 그것을 이뤘는지 살펴 보는 것도 중요한 판단 근거가 된다. 듣기 좋은 꽃노래인지, 냉철 한 계획에 따른 발언인지 알 수 있다. 운이 좋다면, 포부가 이뤄지 지 않았을 때의 반응도 볼 수 있다. 두루뭉술하게 넘어가면서 또 다른 버전의 포부를 들고 나오는지, 아니면 실패를 인정하고 원인 을 분석하는지 살펴보라. 혹시라도 횡령, 배임 등의 전과가 있다면 바로 탈락이다. 사람은 언제든지 변할 수 있지만, 잘 변하지 않는 것도 사람이다.

여러분에게 의지가 있다면 주주모임을 만들 수도 있다. 어떻게 보면 소액주주로서는 이게 가장 멋진 방법이 아닐까 생각한다. 경 영자나 주식 담당자 입장에서는 주주가 찾아올 때마다 만나주면 일할 시간이 없다. 그러나 소액주주들이 모여 대표단을 구성한 뒤 에 인터뷰 요청을 한다면 만나줄 공산이 크다. 경영자가 너무 바 빠서 도저히 시간을 맞출 수 없는 상황이라면 임원이라도 나와서 맞아줄 것이다. 요청을 해도 전혀 반응이 없다면 투자를 신중하게 다시 생각해볼 필요가 있다.

나는 오래전부터 사적인 자리에서는 물론 책, 칼럼, 강연을 통해서 "주식투자는 동업자와 동행하면서 성장의 과실을 공유하는 것"이라고 말해왔다. 비슷한 말로, 나보다 사업을 잘하는 사람에게 돈을 대주고 그에게 경영을 맡기는 '대리 경영'이라는 표현도 썼다. 이런 말을 처음 듣는 사람들은 대개 '이 무슨 뚱딴지같은 소리냐'라는 식의 반응을 보인다. '농부처럼 투자하라'라는 말보다 더 낯설게 받아들인다. 특히 증권업계에 근무하는 사람들처럼 공부를 많이 했다는 사람일수록 절대로 동의할 수 없다는 표정을 짓는다. 싸게 사서 비싸게 팔기만 하면 되지, 그런 골치 아픈 정의가 왜 필요하냐는 것이다.

'대리경영이라는 생각으로 투자해서 그렇게 많은 돈을 벌었다고 하니 일단 읽고는 있는데 현실성은 없는 것 같다. 왠지 그냥 멋있게 보이고 싶어서 하는 말 같다. '대리 경영' '농심투자'라는 건 말이 그렇다는 것뿐이고, 진짜 비밀은 알려주지 않는 것 같다.'

여러분이 이런 의심을 한다면 나로서는 참 곤란하다. 그저 선택의 문제라는 말밖에 할 수가 없다. 어떤 관점에서 어떤 방식으로 투자할 것인지를 선택하고, 미래에 그 선택에 대한 결과를 달게 받아들이면 된다.

이해하는 업종에 투자하라

〈포레스트 검프(Forrest Gump)〉는 발달장애를 가진 주인공이 미국의 주요 현대사를 배경으로 서서히 성장해가는 영화다. 월남전에 참전했던 주인공은 제대 후에 군대에서 상관이었던 중위와 새우잡이를 시작한다. 처음에는 고전을 면치 못하지만 곧 새우를 많이 잡으면서 돈을 좀 벌게 된다. 그런데 새우잡이를 그만둘 때쯤 주인공은 일을 해서 번 돈보다 훨씬 더 많은 돈을 가진 부자가 되어 있다. 돈을 관리하던 중위가 주식투자를 했는데 엄청난 수익이 난 것이다. 중위의 말에 따르면 평생 돈 걱정은 안 해도 되는 액수였다. 주인공이 누군가에게 이 사실을 설명하면서 이런 말을 한다.

"중위님이 사과농장에 투자했다나 봐."

도대체 어떤 사과농장이기에 평생 돈 걱정 안 해도 될 만큼 큰 수익을 안겨준 것일까. 영화에는 주인공이 '사과농장'에서 보낸 우편물을 보는 장면이 나온다. 봉투에는 한 입 베어 먹은 사과 모양이 그려져 있다. 영화에서 보신 대로, 혹은 짐작하시는 대로 사과농장은 애플사다.

영화 내내 주인공은 억세게 운이 좋다. 자신을 괴롭히는 친구들을 피해 도망가던 주인공은 다리에 차고 있던 보조기구가 부서지는 덕분에 보조기구가 필요 없음은 물론이고 누구보다 빠르게 달릴 수 있다는 걸 알게 된다. 총알을 맞기도 하지만 엉덩이에 절묘하게 박혀서 큰 부상은 입지 않는다. 탁구에 대한 재능을 발견해 핑퐁 외교를 위한 선수로 발탁되기도 한다. 그리고 인복이 좋아서 현명하고도 정직한 사람과 동업을 한다.

혹시 여러분은 주인공처럼 억세게 운이 좋은 사람인가? 그렇지 않다면 남의 말만 믿고 투자해서도 안 되고 자신이 잘 모르는 사업에 투자해서도 안 된다. 여기서 사업이란 업종을 뜻한다.

조금 무리한 비유인 듯도 하지만 기업과 업종도 사람처럼 생로병사를 겪는다. 신생아, 신생기업, 신생업종은 연약하지만 가능성은 무궁무진하다. 청년기에는 체력이 좋아서 몸살도 잘 앓지 않는다. 노년기는 조금 다르다. 인간은 죽음을 피할 길이 없다. 대부분의 기업도 시간이 지나면 사라지지만 몇몇 기업은 새로운 성장동력을 찾아 노련한 신생아로 거듭나기도 한다. 업종은 다른 분야와 통합되거나 세분화되면서 새로운 이름을 갖는다.

사람은 어릴 때 약을 잘못 먹었거나 나이가 들어서 약을 잘 먹은 경우 등 몇몇 특별한 사람을 빼고는 딱 보면 얼추 나이를 짐작할 수 있다. 그러나 기업이나 업종은 딱 봐서는 모르는 경우가 더 많다. 시름시름 앓고 있더라도 일시적인 감기인지 노년기라서 그런 것인지 알려면 기업은 물론이고 업종에 대해서도 깊이 있게 이해해야 한다. 경영자와 직원들이 한 마음, 한 뜻으로 열심히 경영하고 일해도 업종 자체가 사양길에 접어들고 있다면 백약이 무효다. 업종의 전망이 좋다고 해도 섣불리 달려들어서는 안 된다. 특히 우리나라 사람들은 주식투자를 할 때도 유행에 민감한데, 무슨 테마가 좋다고 하면 불나방처럼 날아든다. 찬란한 불꽃이 자신의 무덤인 줄 모르는 것이다.

나도 IMF 사태 이전에는 불나방 같은 짓을 심심찮게 했더랬다. 그저 주식을 사고 팔아서 차익을 남기는 것이 주식투자의 전부인 줄 알던 어리석은 시절이었다. 한창 컴퓨터 산업이 기세 좋게 성장하던 시기였다. 그래서 제대로 조사도 해보지 않고 컴퓨터 주변기기를 만드는 기업에 투자했다. '컴퓨터와 관련된 걸 만드는 곳'이라서 투자했는데 독자적인 기술도, 경쟁력도 없는 기업이었다. 투자의 결과는 짐작하시는 대로다.

애플을 사과농장이라고 오해한 주인공처럼 어이없는 수준은 아니어도 'OO를 만드는 회사'라는 것 정도만 알고 투자하는 경우는 흔하다. 원재료를 어떻게 조달하는지(수입인지, 국내산인지), 어떤 기술이 핵심 역량인지, 비약적인 성장을 가능하게 해줄 기술은 없는지, 유통과 판매는 어떤 경로를 거치는지 알아야 한다. 수익을 내는 방법도 파악해야 한다. 정수기처럼 지속적으로 관리를 해주는 구조인지, 유통업체와의 관계가 수익을 좌우하는 구조인지도 알아야 한다.

모르는 업종의 기업에 투자하려고 할 때, 나는 정말 공부를 많이 한다. 알지도 못하는 곳에 내 돈을 맡기고 수익이 나기를 기대하는 건 이치에 맞지 않다. 물론 주식시장에는 이따위 공부는 필요 없다고 주장하는 사람들이 꽤 있다. 업종도, 기업도 필요 없고 오로지 차트만 있으면 된다고 주장한다. 대체로 단타에 치중하는 사람들이다. 기업의 가치가 반영된 주가를 그래프로 나타낸 것이 차트인데, 그것으로 미래를 예측한다는 것이 나로서는 놀라울 따름이다. 차트는 참고자료 이상도, 이하도 아니다. 온갖 그럴듯한 이름의 기술적 분석이 있는데 이 틀에 따라 과거의 지표를 분석하면 딱딱 들어맞는다. 그 정도 적중률로 미래를 예측할 수 있다면 그 투자자는 세계 경제를 지배하고 있어야 할 텐데, 아직 그런 경우는 보지 못했다.

●

유리한 고지에서 시작하라

사람은 보고 싶은 것만 보고 믿고 싶은 것만 믿는다고 한다. 그래서 사기꾼이 사라지지 않는지도 모른다. 상식적으로 말이 안 되지만 탐욕이 그들의 말을 믿게 만드는 것이다. 차트로 미래를 예측할 수 있다고 하는 사람들이 여전한 것도 이런 이유 때문이 아닐까. 여러분 중에도 이 책을 읽고 '맞는 말인 것 같지만 실행하기는 너무 어렵다. 좀 더 쉬운 방법은 없을까?'라고 생각하는 분들이 있을 것이다. 바로 거기에 '차트의 미신'이 들어올 공간이 생긴다.

업종과 기업을 공부하고 기업과 장기간 소통하면서 동행하는 것에 비하면 차트 투자는 너무나 쉽다. 그래프를 공식에 대입하기만 하면 미래 주가의 향방을 알 수 있다니, 얼마나 환상적인가. 사람 마음속에는 쉽게 돈을 벌고 싶은 욕심이 있다. '차트만 봐도 되면 참 좋겠다'라는 바람은 어느새 '차트만 봐도 된다'라는 믿음으로 바뀐다. 그러면 나 같은 사람의 말은 들리지 않는다. 워런 버핏이 왜 매일 전화통을 붙들고 사는지 생각하지 않는다. 주가가 하염없이 떨어져 바닥에 부딪힐 때까지 차트 신봉자로 사는 것이다. 헛된 희망을 품지 않는다 해도 내가 말하는 주식투자의 방법들을 보면 '직장에 다니면서 하기에는 좀 버겁겠다'라는 생각이 들 것이다. 그러나 부자가 되려면 그 정도 각오는 해야 한다.

전략적으로 조금 더 쉬운 길은 있다. 현재 여러분이 종사하고 있는 직업에서 시작하는 것이다. (바라건대 '그거라면 한번 해볼 만하겠다'라는 생각이 들었으면 한다.) 여러분은 자신의 직업을 얼마나 이해하고 있는가? 이것은 세부적인 업무를 잘한다는 것과는 조금 다른 문제다. 타 부서는 물론이고 협력업체의 일 등을 포함하여 업종의 전체적인 판세를 읽을 수 있느냐 하는 것이다. 한 업종에서, 또

억세게 운이 좋은 사람이 아니라면
자신이 잘 모르는 업종에 투자해서는 안 된다.
해당 업종의 원리를 알아야 호재와 악재를 구분할 수 있다.
잘 모르는 업종에 투자하면 늘 다른 사람의 자료에 의존해야 한다.
그리고 자료를 손에 넣었을 때는
이미 주가가 상승하거나 하락한 이후가 되기 쉽다.

는 한 기업에서 어느 정도 일하다 보면 그 정도는 당연히 아는 것 아니냐고 생각할 수 있다. 그런데 그것이 전부가 아니다. 객관적인 판단을 방해하는 상황이 있을 수 있다. 타 부서와의 알력 다툼 등이 대표적이다. 알력 다툼이 감정싸움으로 번지면 전체적인 판세를 읽기 어려워진다. 기획, 생산, 판매 등 각 팀들이 서로를 무능하다거나 이기적이라고 욕하는 상황이라면, 혹은 여러분이 그중 한 명이라면 업종의 판세를 객관적으로 읽을 수 있겠는가. 협력업체를 갑을관계로만 파악하면서 업종의 판세를 읽을 수 있겠는가. 부서의 논리를 떠나, '우리 회사'를 떠나 업계 전체의 상황을 보면 예전에는 미처 알지 못했던 것들이 보일 것이다.

나는 여러분의 직업을 모르므로 구체적으로 어떤 공부를 해야 할지 모른다. 하지만 여러분 스스로는 공부할 항목이 쭉 떠오를 것이다. 기획에서 생산까지, 판매에서 소비자들의 소비 행태까지 해당 업종이 돌아가는 전 과정을 공부해보면 그 전에 몰랐던 부분도 알게 된다. 만약 이미 다 알고 있다면 여러분은 사장님이거나 고위 간부일 것이다. 일반 사원이라면 초고속 승진을 하게 될 것이다. 정말 능력 있는 사원임이 틀림없기 때문이다.

나는 "공부를 한다고 할 때 도대체 어느 수준까지 알아야 하는가?"라는 질문을 받으면 이렇게 답한다.

"그 회사 사장과 기업 경영을 놓고 토론할 수 있는 식견이 있어야 한다."

만만한 경지는 아니다. 하지만 이 정도 수준은 되어야 동행과 동업이 가능하다. 임원이 되기 위한 선행학습이라고 생각하는 것도 좋겠다. 직업인으로서, 투자자로서 능력을 쌓는 길이니 일거양득이라 하겠다.

개인 투자자는 반드시 자기 직업과 연관된 기업에 투자해야 한다고 주장하는 것은 아니다. 업종의 현황이 좋지 않은 기업에 투자해서는 안 되고, 하나의 업종에 포트폴리오가 몰려 있어서도 안된다. 전혀 다른 업종으로 구분되어 있다고 해도 파고 들어가면 연결되는 지점이 있다. 공부를 시작하는 지점이라는 데 무게 중심을 두기 바란다. 다행히 해당 업종의 현황이 좋다면 투자를 하면되고, 아니라면 '우리 업종에 있던 돈은 어디로 흘러갔을까?'라는 질문을 던지면서 공부의 꼬리를 이어 나가면 된다.

업종의 밝은 전망을 보고 기업을 찾는 방법도 있고, 좋아 보이는 기업을 먼저 발견하고 업종의 전망을 보는 방법도 있다. 어느 쪽이든 업종에 대한 공부는 빼놓을 수 없다. 다시 한 번 강조하지만 단순히 업종의 전망이 밝다는 것만 확인해서는 안 된다. 왜 전망이 밝다고 하는지 그 이유를 단순 명쾌하게 설명할 수 없다면 눈 뜬 장님이나 마찬가지다. 업종이 돌아가는 원리를 알아야 호재와 악재를 구분할 수 있다. 그렇지 않으면 늘 다른 누군가가 분석해주는 자료에 의존해야 한다. 그리고 자료를 손에 넣었을 때는 이미 주가가 상승하거나 하락한 이후가 되기 쉽다.

모든 목표에는 장애물이 있다. 장애물은 그 목표를 원하는 많은 사람들 중 간절하고 절실하게 원하는 사람만 통과시킨다. 간절함이 크면 장애물은 작아 보일 것이고 그렇지 않으면 태산처럼 높아서 도저히 넘을 수 없을 것처럼 보일 것이다. 냉정하게 말하면, 농심투자가 너무 어려워서 도저히 할 수 없을 것 같아 보인다는 건 부자가 되고 싶은 욕구가 그만큼 적다는 것이다.

사업가, 정치인, 운동선수, 예술가 등 자기 분야에서 성공한 사람들 중에 "우리 일은 참 쉬워요. 그래서 이 일을 하기로 선택했어요"라고 말하는 사람은 없다. 다들 힘든 줄 알면서도 그 길을 갔다. 그 고난을 품을 수 있을 만큼 그 일에 대한 마음이 컸기 때문이다. 부자로 살고 싶은 마음이 얼마나 큰지, 부자가 되어야만 하는 이유가 얼마나 절실한지 다시 한 번 생각해보고 각오를 다지기 바란다.

심심한 종목을 찾아라

야구의 재미는 뭐니 뭐니 해도 양 팀의 점수가 엎치락뒤치락하는 데 있다. 자신이 응원하는 팀이라도 초반에 점수 차이가 너무 많이 나면 심심해진다. 역전하고 역전당하기를 거듭해야 손에 땀을 쥐며 보게 된다. 보는 내내 긴장감을 늦출 수 없는 게임이라야 '오늘 경기 정말 최고였다!'라는 감탄사가 나온다. 이 재미에 빠진 야구 팬들이 봄부터 가을까지 야구장에서, 혹은 TV를 보면서 '일희일비의 즐거움'을 만끽하고 있는 것이다.

우리나라가 스포츠 강국이어서 그런지, 주식시장에서도 이런 즐거움을 찾으려는 사람들이 꽤 많다. 주가의 변동 폭이 적은 주식은 도저히 하품이 나서 견딜 수가 없는 모양이다. 증권방송에서도 '지루한 박스권'이라는 표현을 자주 쓴다.

그렇다면 손에 땀을 쥐게 하는 주식은 어떤 것일까? 대형 호재나 악재가 있는 종목, 후끈 달아오르고 있는 테마주, 자기들끼리 사인을 주고받는 작전주 등이 있겠다. 그런 일이 없기를 바라지만 만약 여러분이 이런 주식을 산다면 '최고의 경기'를 보는 것보다 더한 스릴을 맛보게 될 것이다. 야구는 공수교대 시간이라도 있지만 주식은 장이 마감될 때까지 긴장의 끈을 놓을 수 없다. 업무 중에도 1시간에 60번씩 주가를 확인하면서 기쁨과 좌절, 불안과 안도를 경험한다. 오전 9시부터 오후 3시까지 360번을 확인하고 시간 외 매매까지 체크하고 나면 하루가 어떻게 갔는지 모른다. 이런 경우를 주위 사람들은 이렇게 표현한다.

"멀쩡하던 사람을 주식이 망쳐놨어!"

그러나 내가 봤다면 좀 다른 표현을 썼을 것이다.

"이 사람이 주식시장을 망치는 데 일조하고 있군!"

여러분은 뉴스나 공시를 통해 공개되지 않은 정보를 미리 알 수 있는가? 테마주 열풍을 이끌 수 있는가? 혹은 작전세력의 일부인가?(불법이라거나 건전한 투자문화 조성에 바람직하지 않다는 점은 일단 논외로 하자.) 공개되지 않은 내부 정보를 먼저 알 수 없고, 테마주의 열풍을 달구거나 식히는 주도권도 없으며, 작전세력이 언제 빠질지 모르는 상황이라면, 이는 야바위꾼 앞에 선 것이나 다름없다. 물론 실제로 수익이 나기도 한다. 처음부터 고객의 돈을 따가는 야바위꾼이 어디 있는가. 적은 돈을 슬쩍 잃어준 다음에 정신이 나가게 해서 고객을 '호갱'으로 만드는 것이 그들의 수법이다. 칼자루를 다 내주고 시작하는 싸움의 끝은 뻔하다. 장렬하게 '호갱'이 된 사람들은 막차를 탔다, 상투를 잡았다며 장탄식을 하지만 때는 이미 늦었다.

이 같은 불행은 기업이 성장하는 시간, 저평가된 기업이 제 가치를 인정받는 데까지 걸리는 시간을 기다리지 못하고 과도한 수익을 바라는 데서 시작된다. 겸손하게 시장의 수익률을 얻겠다는 마음으로 기다리면 더 큰 기회가 생기는데도 그렇게 하지 못하는 것이다.

내가 IMF 사태 이후 주식농부가 되기로 결심하고 나서 투자한 기업들의 대부분은 시장에서 소외된 '심심한' 종목이었다. 거래량도 많지 않고 등락 폭도 적은 편이었다. 그래서 여유를 가지고 공부할 수 있었다. 공부하기 위해 매수한 종목의 주가가 갑자기 상승하는 경우도 종종 있었는데, 빠져나오거나 그대로 두기만 할 뿐 추가 매수는 하지 않았다. 알지도 못하는 기업에 내 소중한 자산을 맡길 수는 없으니까.

영영 제자리걸음만 할 것 같아 보이는 소외된 기업도 시장의 인정을 받으면 몇 개월 사이에 주가가 급등한다. 이때를 '시세분출기'라고 한다. 두뇌 회전이 빠른 분들은 '그럼 소외되어 있다가 주가가 요동치기 시작할 때 들어가면 되겠네'라고 생각할 것이다. 그런데 '호갱'을 노리는 작전세력 역시 평소 거래량이 적고 등락 폭이 적은 종목을 노린다. 이들을 구분할 수 있는가? 그 방법을 확실히 알고 있다면 부디 내게도 알려주기 바란다.

바늘 도둑이 소 도둑이 되는 이유는 바늘을 훔쳤을 때 혼이 나지 않았기 때문이다. 바늘을 훔쳤을 때 따끔하게 혼이 나면 소 도둑이 되는 불행을 막을 수 있다. 그런 의미에서 나는 여러분에게 행운이 따라주지 않기를 바란다. 상한가 따라잡기, 하한가 따라잡기 등 이미 흥분하기 시작한 종목에서 손실을 봤으면 좋겠다. 굳이 탐욕의 대가를 지불한 다음에 교훈을 얻겠다면 투자금이 적을 때가 낫다. 절실한 교훈을 얻을 수만 있다면 나쁘지만은 않다.

주식투자를 해놓고 손에 땀을 쥔다면 이미 그릇된 길에 접어들었다고 봐야 한다. 주식투자를 하면서 심장이 벌렁거린다거나 스릴을 느끼는 위험 증상이 나타난다면 즉각 멈추고 자신을 돌아봐야 한다. 수첩에 위험 증상들을 적어놓고 잊지 않도록 해야 한다. 심심하고 하품 나는 무료함을 당연한 것으로 여기고 차분한 마음으로 공부하며 기다린다면 뿌듯한 수익으로 보답할 것이다.

●

세상은 상식이 지배한다

2000년 농심을 매수하기 시작해 2002년 300%의 수익을 보고 매도했다. 고려개발은 2001년부터 시작해 2004년에 역시 300%의 수익을 냈다. 대성전선은 2000년에 매수해 2004년 250%의 수익을 냈다. 안랩은 2009년부터 2011년까지 250%의 수익을 냈다.

그리고 삼광글라스는 2006년에 매수를 시작해 약 1년이 지난 뒤 300%의 수익을 내고 팔았다. 매수와 매도를 한날한시에 하지 않았으므로 대략적인 평균을 낸 수익률이다.

정말 환상적인 수익률이 아닌가? 2001년부터 최근까지 내가 거둔 연평균 수익률은 50%이다. 연간 수백 %의 수익을 낸다는 분들에 비하면 소박하지만 그래도 50%는 대단한 수익률이다. 여러분이 올해부터 투자를 시작하여 이 정도의 수익을 내면 4년 후에 원금의 다섯 배가 넘는 금액을 가지게 된다.

자, 그럼 이제부터 환상적인 수익률로 보답할 기특한 종목을 찾아보자. 일단 우리나라 증시에서 가장 주가가 높은 삼성전자는 어떤가? 2014년 7월 21일 현재 134만 3000원인 삼성전자의 주가는 앞으로 1년 동안 50%까지 상승할 만큼 저평가되어 있는 것일까? 일단 저평가, 고평가의 문제를 떠나서 50% 상승하면 1주당 200만 원이 넘는다는 점이 아무래도 꺼림칙할 것이다. 설마 200만 원을 넘어갈까?

그러면 눈을 대폭 낮춰서 엘지화학은 어떤가? 2014년 7월 21일 현재 29만 7000원이므로 1주당 45만 원대까지 상승해야 한다. 한때 50만 원 중반까지 갔으니 가능할까? 그래도 15만 원 가량 올라야 하니까 역시 만만치 않아 보인다.

자, 다시 한 번 눈을 낮춰보자. 200원짜리 동전주는 어떤가? 삼성전자는 70만 원 가량 올라야 50%가 상승하고 엘지화학은 15만 원 가량 올라야 한다. 그런데 200원짜리 종목은 딱 100원만

목표 수익률을 설정하고 투자할 종목을 고를 때는
상식적인 수준, 정상적인 수준에서 생각해야 한다.
세상이 돌아가는 이치 안에서 생각해야 하는 것이다.
안전하게 50% 수익을 올려줄 효자 종목은 없다.
조급한 마음에 무리한 방식으로 투자를 한다면
오히려 더 많은 것을 잃게 될 것이다.

오르면 된다. 왠지 더 쉬울 것 같다. 100원짜리라면 주머니에도 몇 개 있고 서랍에도 굴러다니고 있다. 연초에 100만 원하던 종목이 연말에 150만 원까지 간다면, 다른 투자자들은 너무 많이 올랐다며 매수를 꺼릴 것 같다. 하지만 100원하던 종목이 150원이 된다면, 그깟 50원 올랐다고 매수를 주저하지는 않을 것이다.

주당 가격 말고 다른 기준은 없을까? 테마주라면 가능할지 모르겠다. 정권의 실세와 연관이 있거나 안랩처럼 차기 대선주자가 깊숙이 연관된 기업이라면 50% 수익률쯤은 가볍게 달성할 수 있을 것 같다. 대선까지 기다릴 수 없다면 단타매매를 하는 방법도 있다. 한 종목으로 50%의 수익을 낼 수 없다면 2~3%씩 반복적으로 수익을 내서 연말에 50%를 달성할 수도 있다.

지금까지 내가 말한 수익률 50% 달성 방법들이 그럴싸해 보이는가? 설마 그럴 리 없겠지만, 혹시 그렇다면 정말 큰일이다. 내가 10여 년 동안 평균 50%의 수익률을 올린 것은 결과일 뿐, 목표 수익률은 아니었다. 나는 50% 수익률을 기준으로 주식투자를 하지 않는다. 내가 목표로 하는 수익률은 20%다. 몇 년 동안 공부하고 기업과 소통하면서 들이는 노력으로 따졌을 때 10%는 너무 적고, 30%는 너무 높다. 저평가된 기업, 앞으로 성장할 기업에 제대로 투자한다면 20%의 수익은 올릴 수 있다고 생각한다. 그러나 50%의 수익을 올려줄 기업은 없다. 10여 년 동안 50%라는 수익률을 달성했음에도 그런 종목을 발굴하는 방법은 모른다. 모른다기보다 없다고 생각한다는 것이 더 정확한 표현이다.

여러분이 50% 수익을 목표로 종목을 찾는다면 위에서 말한 동전주, 테마주, 단타매매 등의 방법밖에 없다. 많은 사람들이 동전주의 경우 주가가 쉽게 오를 거라고 생각하지만 낮은 주가에 따른 착시현상(50원 혹은 100원만 오르면 된다는)일 뿐이고, 혼자만의 계산이다.

물론 동전주의 주가가 50%를 가뿐히 넘어 100% 이상 상승한 사례가 없지는 않지만 흔한 경우는 아니다. 오른다고 해도 그건 동전주여서가 아니라 그 기업의 가치가 상승했기 때문에 오른 것이다. 주당 가격이 높다고 해서 연간 50% 이상 상승하지 말라는 법도 없다. 삼성전자의 2012년 1월 주가는 약 68만 원이었는데, 1년쯤 뒤에 150만 원을 넘겼다. 100% 넘게 상승한 것이다. 그러니 주당 가격이 낮다는 것을 기준으로 50% 수익의 효자 종목을 찾기는 무리다.

기업의 내용과 관계없는 테마주 역시 수익률 50%로 보답하는 효자가 되지 못한다. 테마주에 뛰어드는 투자자들의 경우 다들 자신만은 열풍을 타고 상승할 거라고 착각하지만, 대부분은 열풍 뒤에 따라오는 후폭풍의 희생양이 된다. 개미들은 주가가 한창 달 아올랐을 때라야 '테마가 형성되었다'라며 매수를 하지만 그때는 이미 끝물인 경우가 많다. 이른바 테마주의 상투를 잡은 것이다.

단타매매는 어떨까? 상승할 때는 기분 좋을 만큼의 수익을 내지만 하락할 때는 손절매를 못해 한꺼번에 많은 손실을 본다. 돈, 정신, 건강은 물론이고 직장생활까지 위태로워지는 것은 덤이다. 증권사를 먹여 살리겠다는 사명감이 있다면 강력하게 추천한다.

상식적인 수준, 정상적인 수준에서 생각해야 한다. 세상이 돌아가는 이치 안에서 생각해야 한다. 때로 비상식적이고 비정상적인 일들이 벌어지기도 하지만 일시적일 뿐이다. 한 종목에 3~5년 동안 투자해서 언제 부자가 되겠느냐며 불평하실 수도 있다. 조급한 마음이 생기는 것도 이해한다. 그렇다고 멸망의 길로 갈 수는 없지 않은가. 천천히 가도 된다. 잃지 않는 투자가 우선이다. 중간에 깨지지 않고 계속 구르는 눈덩이는 갈수록 커지지만 중간에 깨져버린 눈덩이는 제대로 커지지 않는다.

여러분은 바보가 아니다. 여러분은 상식을 갖춘 사람이다. 바보같고 비상식적이며 비정상적으로 투자하는 사람이 없지 않지만 그들은 염두에 두지 말자. 결국 여러분을 부자로 만들어주는 것은 상식과 합리성이다.

단순한 기업에 투자하라

이동통신 요금제는 복잡하다. 이동통신 3사의 요금제 종류는 각각 150~200여 가지에 이른다고 한다. 타사와의 비교는 물론이고 한 회사의 요금제를 놓고 비교하는 것도 어렵다. 일반적으로 쓰는 요금제도 내용을 자세히 들여다보면 뭐가 뭔지 알아보기 어렵게 되어 있다. 소비자에게 다양한 선택권을 제공하겠다는 의도로 보이지는 않는다. 소비자는 대리점에 월간 통화량과 데이터 사용량을 알려주고 시키는 대로 가입하는 수밖에 없다. 그 요금제가 자신에게 유리한지 아닌지는 영원히 모를 가능성이 높다.

상장사들 중에도 이동통신 요금제 같은 기업들이 있다. 공부를 할수록 미로 속을 헤매고 있는 듯한 느낌을 주는 신비로운 기업들이다. 우선 자회사와 지분 관계가 얽혀 있는 기업을 보자. 투자는 현재 가치보다 미래 가치가 높을 때 한다. 아직 실현되지 않은 미래의 가치를 예측하려면 일단은 현재의 가치를 정확하게 알아야 한다. 그 후에 세상의 흐름에 기업의 흐름을 겹쳐 보는 방식으로 미래의 가치를 예측해볼 수 있다. 그런데 자회사가 주렁주렁 달려 있는 기업은 현재의 가치를 제대로 알기도 어렵다.

예를 들어 삼성그룹에 속한 17개 상장기업들 중 삼성전자만 상장되어 있고 나머지는 삼성전자의 자회사라고 가정해보자. 삼성전자의 매출이 전체의 66%에 이르지만(2013년 결산 기준) 나머지 34%를 무시할 수는 없다. 자회사들의 실적이 좋지 못하거나 심지어 적자를 낸다면 그만큼 이익이 감소한다. 결국 삼성전자에 투자하기 위해서는 17개 기업 전부를 공부해야 한다는 결론이 나온다. 공부하는 시간이 얼마나 걸릴지 가늠하기도 어렵다.

삼성그룹 같은 대기업은 어려워도 규모가 크지 않은 기업은 가능하지 않을까? 자회사가 서너 개인 경우에는 얼마든지 파악할 수 있지 않을까? 거대 기업을 알아가는 것보다는 시간과 노력이 덜 들겠지만 불확실성이 증가하는 것만은 어쩔 수 없다. 자회사 중 하나가 어려워지면 장사를 잘한 다른 기업들도 덩달아 어려워진다. 쓰러져가는 자회사를 살리려다가 알토란 같은 자회사를 팔아넘기기도 한다. 본업의 영역에 속하지만 업무 스타일이 다른 경우효율성을 높이기 위해 자회사로 분할할 수도 있다. 이처럼 경영의효율성을 높이기 위한 합리적인 결정이라면 모기업의 연장선상에서 이해할 수 있다. 하지만 연관성이 현저히 떨어지는 문어발식의 자회사라면 동업을 하지 말라고 권하고 싶다.

　나는 단순한 기업이 좋다. 여기서 말하는 '단순함'에는 세 가지 기준이 있는데, 그중 첫 번째가 위에서 이야기한 '기업 원리'의 단순함이다. 나는 내가 투자하려는 기업의 원리가 한눈에 들어오는 것을 선호한다. 지금까지 주로 중소, 중견 기업에 투자한 이유도 '단순하게' 파악할 수 있기 때문이었다. 투자는 동업이다. 내가 주인이 되는 것이며, 다른 사람에게 경영을 맡기는 대리 경영이다. 따라서 '이 기업은 이렇게 저렇게 경영하면 성장해 나갈 수 있겠다'라는 경영의 로드맵이 나와야 한다. 규모가 큰 대기업이나 자회사가 칡넝쿨처럼 엉켜 있는 기업은 단순 명료하게 파악되지 않으므로 로드맵을 그릴 수 없다.

　대기업이라고 해서, 혹은 자회사가 있다고 해서 무조건 투자하지 말라는 뜻이 아니다. 현재의 가치를 판단하고 미래의 로드맵을 그릴 수 있느냐, 없느냐가 핵심이다. 중소기업에 비해 대기업이 구조를 이해하기 어렵고, 자회사가 없는 기업보다 많은 기업에서 사고가 터질 가능성이 높다는 뜻으로 이해하면 되겠다.

●

단순해질 때까지 파고들어라

　기업의 단순성을 판단하는 두 번째 기준은 '수익구조'의 단순함이다. '수익 모델'이라고 표현하기도 하는데, 이는 업종의 구별과는 다르다. 똑같이 모바일 앱을 개발하는 회사라도 프로그램 자체를 팔아서 이윤을 내는 기업이 있는가 하면, 무료로 배포한 다음 플랫폼으로서 수익을 내는 기업도 있다. 내가 좋아하는 수익구조는 얼마의 원가를 들여 제작하고, 얼마나 팔며, 얼마가 남는지를 단순 명쾌하게 볼 수 있는 구조다.

조금씩 다르기는 해도 모든 기업은 그와 같은 구조를 가지고 있다. 그러나 어떤 기업은 특화된 부분 없이 여기저기서 찔끔찔끔 수익을 만들어낸다. 나는 주인이므로 "이번에 투자한 기업은 무엇으로 돈을 벌고 있습니까?"라는 질문을 받았을 때 단순 명쾌하게 대답해주고 싶다. "기기 임대도 좀 하고, 제조도 조금씩 하고 있고, 건물 임대를 해서도 수익이 좀 나는 모양이야"라는 식의 대답은 하고 싶지 않다. 삼천리자전거처럼 "자전거를 만들어 팔아"라고 답할 수 있는 기업이 좋다.

일반적으로 수익구조가 단순하다고 생각되는 기업이 있고 좀 복잡한 수익구조를 가졌다고 여겨지는 기업이 있긴 해도, 내가 말하는 단순함의 절대적인 기준은 없다. 나는 증권사 직원의 투자 권유를 자주 받는 편이다. 매번 기업에 대한 설명을 다 들은 다음에 내가 하는 말은 "공부해보겠다"라는 것이다. 대개 일정 부분 공부를 한 다음 기업 탐방을 가는데, 담당자에게 아무리 설명을 들어도 어떻게 돈을 버는지 이해가 되지 않을 때가 있다. (그렇게 벌어서는 먹고살기도 버겁겠다 싶은 기업도 물론 있다.) 증권사 직원에게는 단순 명쾌한 수익구조가 나에게는 복잡하게 보이는 것이다. 그러니까 단순함의 정도는 보는 사람에 따라 다르다. 내가 설명을 듣고서도 이해하지 못한 기업을 두고 여러분은 '이게 왜 어렵지?'라고 의아해할 수도 있다.

지난 10년 동안 매년 일정한 수익을 내는 기업이 있다. 재무구조도 튼튼하고 자회사도 없다. 그래서 투자를 하려는데 수익 모델이 복잡하게 여겨진다면 아직 공부가 부족한 것이다. "언뜻 복잡해 보이지만 알고 보면 단순해"라고 말할 수 있을 때까지 공부한 다음에 투자해야 한다. 내가 엔터테인먼트 기업에 투자하지 않는 이유도 수익 모델을 명확하게 이해하지 못하기 때문이다.

우리나라의 드라마는 중국을 비롯한 아시아 지역에도 시청자가 많다. 그 드라마에 나온 주인공들은 다른 나라에서도 국내 못지않은 인기를 누린다. 그 배우들을 보기 위해 한국을 찾는 관광객들도 있다. K-POP과 드라마를 필두로 한 한류 열풍은 앞으로도 이어질 것이다.

그런데 나는 젊은 연예인은 누가 누군지 잘 모른다. 드라마를 챙겨 보지도 않고, 댄스곡의 박자는 내 호흡에 비해 너무 빠르다. 엔터테인먼트 기업의 '상품'을 모르는 것이다. 그래서 전망이 밝다고 생각하면서도 투자는 하지 않는다. 감성적인 부분이기에 공부한 만큼 성과가 나오지 않을 것이라는 생각도 든다. 그 시간에 다른 기업을 공부하는 게 나에게는 더 나은 일이다. 여러분도 마찬가지다. 모든 업종, 모든 기업을 다 알 필요는 없다. 현재 종사하

단순 명쾌하게 파악할 수 있을 때까지 기업을 공부해야 한다.
기업 원리와 수익구조가 단순하고 독립적인 기업,
자신이 잘 아는 분야에 있는 기업을 선택하면
보다 쉽고 정확하게 현재 가치를 읽고
투자 여부를 판단할 수 있다.

는 업종, 관심 분야에서 기업을 찾으라고 강조하는 이유는 남들보다 더 단순 명쾌하게 이해할 수 있기 때문이다.

단순한 기업인지 아닌지를 가늠하는 세 번째 기준은 '독립성'이다. 독립적이지 않고 특정 기업에 종속되어 있는 기업은 단순하게 파악하기가 어렵다. 예를 들어, 생산하는 모든 제품을 단 한 기업에 납품한다면 원청업체의 결정에 따라 기업의 생사가 결정된다. 그러면 원청업체의 눈치를 봐야 하고 투자자 역시 원청업체의 눈치를 봐야 한다. 원청업체의 사정까지 파악해야 하므로 너무 복잡해진다. 나는 완제품을 만들어서 소비자와 승부하는 기업이 좋다. 납품을 하더라도 독자적인 기술이 있어서 원청업체와 대등한 관계에 있고 납품처가 다양한 기업이라면 괜찮다. 제품의 우수성만 보면 된다. 완제품을 만드는 기업 역시 상품의 우수성만 보면 상당 부분 해결이 된다.

나는 차에서 갑자기 이상한 소리가 나도 보닛을 열어보지 않는다. 내가 하는 일은 되도록 빨리 정비소로 가는 것이다. 정비사는 소리만 듣고도, 혹은 몇 가지 체크만 하고도 어디에 문제가 있는지 안다. 대략적인 수리 비용도 곧바로 알려준다.

정비사라는 투자자에게 자동차는 단순한 것이다. 그는 자동차라는 기업에 투자할 수 있지만 자동차를 잘 모르는 일반 운전자는 투자하지 말아야 한다. 기업의 엔진이 고장 난 줄도 모르고 가속 페달을 밟을 것이고, 엔진 오일만 갈아주면 해결되는 문제인데 불안해져서 차를 버리기 때문이다. 자동차라는 기업에 투자하고 싶은 일반 운전자라면 정비사 수준이 될 때까지, 즉 지금은 복잡해 보이는 자동차가 단순하게 파악될 때까지 공부해야 한다.

돈의 흐름을 보라

　'대박'을 맞는 방법이 있다. 10배 수익은 우습고, 2~3년만 기다리면 100배 수익도 가능하다. 그런 종목을 고르는 방법을 지금 알려주겠다.

　일반에 널리 알려진 '상식'에 따라 주당 단가가 높은 종목은 빼고 동전주에서 대박 종목을 찾는다. 이 중 하나를 골라 간단하게 정리된 몇 년간의 재무제표를 본다. 매출이나 이익이 늘고 있다면 탈락이다. 매출이 오랫동안 하향 추세를 보이고 있고 적자 폭이 큰 기업일수록 좋다. 부채 비율은 당연히 높아야 하고 자본 잠식 상태면 더 좋다. 불성실 공시로 여러 차례 경고를 받았다면 금상첨화다. 이제 일단 터지기만 하면 부가가치를 가늠할 수조차 없는 바이오, 자원개발 관련 기업을 선택하면 된다. 너무 불안해할 것 없다. 그런 종목을 유난히 좋아하는 사람들은 언제나 있다. 그들에게 동지의식을 느끼면서, 그들을 판단의 근거로 삼으면서 과감하게 '몰빵'하면 된다. 모름지기 주식은 '한 방'이 있는 종목에 투자해야 하는 법이다. 그래야 크게 먹는다.

벌써부터 농담인 줄 아셨으리라 믿는다. '너무 위험하잖아. 이렇게 위험한 기업에 투자하는 바보가 있을까?'라고 생각하겠지만 지금도 있다. 아마도 그들은 기대와 불안으로 밤새 뒤척이면서 오전 9시를 기다리고 있을 것이다.

주식시장에는 '황금알을 낳는 거위'에 대한 정보들이 떠다닌다. '모이만 축내고 똥만 싸던 거위가 드디어 알을 낳기 직전의 상태에 있다'라고 한다. 그중에는 잠시 떠돌다 사라지는 뜬소문도 있고, 대주주 또는 그와 내통한 일군의 무리가 치밀하게 계획해 퍼뜨린 '고급 정보'도 있다.

2011년에 있었던 자원개발 테마주 열풍을 생각해보자. 유전개발이 임박했다, 금광 채굴권을 따냈다, 묻혀 있는 다이아몬드를 캐내기만 하면 된다더라……. 자원개발 테마주가 춤을 출 때 주식시장에 떠돌던 말들이다. 많은 사람들이 대박을 좇아 이 춤판에 동참했지만 달콤한 꿈도 잠시, 결국 탐욕에 눈먼 개미들을 노린 칼춤이었던 것으로 밝혀졌다. 내가 기억하기로 자원개발 공시를 냈던 기업 중에 실제로 금이나 석유를 캐낸 곳은 단 한 곳도 없었다. 대놓고 사기를 친 기업의 대주주는 돈을 챙겨 어디론가 사라졌거나 재판을 받고 있다.

자원개발은 정말 솔깃한 정보다. 대박이 나는 건 시간문제일 뿐인 듯 보인다. 대부분 외국이라 사실 확인이 어려운 탓에 언론에서는 회사의 공시를 그대로 반복해서 내보낸다. 어떨 때는 사실 확인은 할 생각도 없고 단지 흥미롭기 때문에 기사를 내보내는 것처럼 보이기도 한다. 관심을 끌기 위해 공시를 과장하는 경우도 심심찮게 볼 수 있다. 기업의 가치가 열 배, 스무 배 뛰는 것은 일도 아닌 것처럼 생각하기 쉽다.

허위 공시를 냈던 한 기업의 주가는 2개월 만에 3배 이상 치솟았고 그로부터 6개월 후에는 공시를 한 때로부터 거의 5배 이상 뛰었다. 이 정도면 비교적 얌전한 작전주에 속한다. 물론 허위임이 확인된 후에는 하염없이 추락해 1년 전 주가의 30%까지 하락했다. 그 기업은 이미 그 전에 몇 년 동안 적자를 기록하고 있었지만 한 방을 노리는 사람들의 눈에는 하찮은 지표에 불과했다.

사람들은 주가를 상승시킬 어떤 사건, 즉 '재료'를 참 좋아한다. 그 재료로 기막힌 반전이 일어날 수 있다. 10년 동안 적자를 내던 기업이 여러분이 투자하고 나서부터 흑자전환을 할 수도 있다. 그러나 이미 세상에 알려진 재료라면 조심하고 또 조심해야 한다. 특히 달콤해 보이는 재료일수록 조심하는 것이 상책이다.

기업은 돈을 버는 곳이다. 우리가 어떤 기업에 투자를 하는 이유는 그 기업이 앞으로도 돈을 벌 것이라고 판단하기 때문이다. 그래야 기업의 가치가 점진적으로 상승하고 여러분이 가진 주식의 가치도 상승한다. 우리가 공유할 성과가 생기는 것이다. 그래서 매년 지속적으로 돈을 벌어왔는가가 중요하다. 지극히 당연한 사실인데 이 부분을 무시하는 투자자가 많다.

군이 파리 날리는 식당에 투자하는 위험을 감수하지 않아도 된다. 단골이 많아서 꾸준하게 이익을 남기는 식당도 많이 있다. 여러분이 해야 할 일은 얼마 전에 개발되었다고 전해지는 기막힌 레시피를 가진 식당이 아니라, 오래도록 그 자리에서 장사를 하며 자식들 대학까지 보낸 식당의 숟가락 숫자를 파악하는 것이다.

●

차근차근 의심하라

기업의 돈이 어디서 흘러와서 어디로 흘러가는지를 정리한 것이 재무제표다. 다들 재무제표쯤은 보고 투자한다고 말하지만 식당의 숟가락을 세듯이 자세하게 보는 사람은 드문 것 같다. 재무제표를 봤다고 말하려면 최소한 열 건 이상의 공시를 봐야 한다. 연간 4번 공시가 나오고 최소한 3~4년 치는 봐야 하니까 그 정도는 된다. 간단하게 정리된 것만 쓱 본 걸 가지고 재무제표를 봤다고 말해서는 안 된다. 식당의 주인이 황금 숟가락을 수저통에 몰래 넣어두었을 수도 있고, 옆 식당에서 빌린 숟가락을 가져다두었을 수도 있다. 이런 것들은 자세히 봐야 보인다.

실제로 재무제표는 경영자의 의지에 따라 상당 부분 조정이 가능하다. 분식회계가 아니라 '합법적인 경영상의 이유'로 조정하는 것이다. 모든 학습의 기본이 '왜'라고 묻는 것이듯, 돈의 흐름을 볼 때도 '왜'라는 질문을 손에 들고 있어야 한다. 매출이 늘었다면 왜 늘었는지, 매출은 그대로인데 이익이 줄었다면 왜 줄었는지 옆집 초등학생도 이해할 수 있을 정도로 쉽게 설명할 수 있어야 한다. 그러자면 재무제표 읽는 법을 배워야 하고 해당 업종을 잘 이해하고 있어야 한다.

예를 들어 어떤 제조업체에 부채가 하나도 없다면 어떨까? 빚이 없으니 좋은 것일까? 그렇게만 볼 수는 없다. 업종이 막 성장하는 추세에 있고 호황기라면 빚을 내서 생산설비를 늘리는 것이 합리적이다. 밀려오는 주문을 처리하지 못하는데도 생산설비를 늘리지 않는다면 성장의 기회를 놓치는 것이다. 하나하나 따지자면 책 한 권으로도 모자란다. 이런 부분만 다룬 책들도 많다. 이 책 한 권만 보고 공부를 마치는 분은 곧 '주식투자 불가론'의 전도사가 될 것이다.

기업의 가치를 발행주식 수로 나눈 것이 주가이고 그 기업의 가치를 가장 기본적으로 나타내주는 것이 재무제표다. 사실 재무제표를 꼼꼼하게 봐야 한다는 것은 전혀 새로울 것이 없는 이야기다. 문제는 기본 중의 기본이라 할 수 있는 이 공부조차 하지 않고 투자하는 사람이 많다는 것이다. 여러분이 별도의 공부를 한 다음 잘근잘근 씹듯이 재무제표를 들여다볼 것이라고 믿고, 특히 주의해야 할 점들만 짚어보겠다. 투자 결정의 마지노선쯤 되는 부분이다.

2013년 금융감독원은 상장폐지되기 2년 전부터 기업들이 어떤 증상을 보였는지 조사해 발표했다. 대표이사 또는 최대주주의 변경, 관련 없는 분야로 목적 사업을 수시로 변경, 자기 자본의 61%를 타 법인에 출자, 공급계약 공시 후 철회 등의 공통점이 있었다. 이 공통점은 누가 봐도 좋게 봐주기가 어렵다. 기업의 기초가 흔들리고 있다는 증거이므로 가능한 한 투자를 하지 않는 것이 좋다.

그리고 또 하나가 신주인수권부사채(BW, Bond with Warrant), 전환사채(CB, Convertible Bond) 등을 통한 자금 조달이다. 장사를 못했으니 돈이 없고 돈이 없으니 자금을 조달해야 한다. 상황이 안 좋은 기업이 BW나 CB를 발행하는 것은 당연한 수순이다.

그런데 자금 조달을 항상 나쁘게만 볼 것은 아니다. 낮은 이자로 돈을 빌려 더 많은 수익을 낼 수 있다면 합리적인 결정이다. 중요한 것은 발행의 이유다. 돈이 없어서 그런 것인지, 성장을 위한 투자인지 알아야 한다. 대주주가 자신의 지분을 늘리기 위해 사용하는 방법이기도 하다.

여러분이 발행 여부를 결정할 수는 없지만 동의해줄 수는 있다. 발행 목적에 동의한다면 투자하고 아니라면 투자하지 말아야 한다. 이미 투자하고 있는 기업이라도 마찬가지다. 동의한다면 투자를 지속하고 아니면 철회해야 한다.

'그래도 저 경영자가 기업을 이만큼이나 일궜는데 나보다는 잘 판단하겠지. 그리고 저 회사에 똑똑한 사람이 얼마나 많겠어. 저 일로 먹고사는 사람들인데, 나보다는 낫겠지.'

사적인 인간관계에서는 믿어주는 것이 미덕이지만
투자를 할 때는 사사건건 의심하는 것이 미덕이다.
재무제표를 통해 기업의 돈이 어디서 흘러와서
어디로 흘러가는지 파악하고, 의문스러운 점들을 풀어 나가야 한다.
기업에 대한 의심을 모두 제거해야
기업이 성장할 때까지 기다려줄 수 있다.

동의하지는 않지만 그 기업에 미련이 남을 때 흔히 할 수 있는 생각이다. 이런 상황에서 투자를 하거나 지속했다고 하자. 시간이 지난 뒤에 보니 '능력 있는 경영자와 똑똑한 직원들'의 결정이 맞았다. 기업은 크게 성장했고 시장의 관심을 받으면서 주가도 크게 상승했다. 여러분은 쾌재를 부른다. 역시 그들을 믿은 건 올바른 판단이었다며 기뻐할지도 모른다. 빨갛게 불어난 수익을 보면서 말이다.

그러나 내가 보기에 이 경우 '빨간 수익'은 경고등으로 보인다. 기업을 믿어주겠다는 '판단'을 했다고 생각할지 모르지만 그건 판단이 아니다. 판단의 권한을 넘긴 것일 뿐이다. 모든 투자의 책임은 본인에게 있다는 말은 스스로의 생각으로 판단해야 한다는 뜻이다. 자신의 생각을 신뢰하지 않으면서 어떻게 투자를 할 수 있겠는가.

재무제표에 나타나는 다른 지표들도 마찬가지다. 애널리스트가 양호하다는 분석을 내놔도 여러분이 거기에 동의하지 않으면 투자하지 않는 것이 옳은 결정이다. 계속해서 다른 사람들의 결정에 따라 투자를 한다면 영영 평온한 마음을 가진 투자자는 되지 못한다. 물론 기업의 결정에 대한 동의 여부를 판단할 수 있을 만큼 해당 기업에 대한 지식이 있어야 한다는 전제가 있다.

사적인 인간관계에서는 믿어주는 것이 미덕이지만 투자를 할 때는 사사건건 의심하는 것이 미덕이다. 차근차근 시간을 두고 의심을 제거해 나가는 것이 투자의 과정이다. 내가 본격적으로 투자하기 전에 1~2년 정도 지켜보는 것 역시 의심을 제거해 나가는 과정이다. 의심을 제거한 뒤에야 기업이 성장할 때까지 마음 편하게 기다려줄 수 있기 때문이다.

큰 숫자를 자주 접하지 않는 생활을 하는 분들에게 재무제표는 암호처럼 보이기도 한다. 계산기를 두드리는 일도 익숙지 않다. 그래도 그렇게 해야만 한다. 시중에 떠도는 정보보다 재무제표에 숨어 있는 정보가 더 정확하다. 여러분이 수험생처럼 파고들다가 발견한 정보야말로 다른 사람들은 미처 보지 못한 황금 숟가락이다.

시장의 관심을 받고 있는
종목을 찾는다

시장에서 소외되어 있는
기업을 찾는다

주식시장에는 늘 사람들의 뜨거운 관심을 받는 종목들이 있다. 기업의 성장에 좋은 소식이 있는 경우도 있고 테마주에 얽혀 있는 종목도 있다. 확인되지 않은 풍문 때문에 관심의 대상이 되기도 한다. 이런 종목에 관심이 가는 것은 당연하다. 그러나 투자하기에 적당한 기업은 아니다. 관심을 받고 있는 기업은 현재 주가에 '미래에 실현될 것'이라고 기대되는 가치까지 포함되어 있기 쉽다. 지나친 기대로 적정 가치보다 더 높은 가격에 거래되기도 한다.

손님이 한 명도 없는 식당은 왠지 꺼려지듯이 투자자들의 외면을 받는 기업은 뭔가 치명적인 문제가 있다고 생각하기 쉽다. 반대로 손님이 꽉 찬 식당은 기다려서라도 먹을 만큼 맛있을 것 같고, 기관, 외국인, 개인 투자자들의 호응을 받는 기업의 미래는 밝을 것만 같다. 그러나 사람들의 관심을 받는 기업이 좋은 기업인지 나쁜 기업인지는 중요하지 않다. 투자자 자신의 판단이 아니라는 데에 근본적인 문제가 있다.

　내가 투자하는 기업은 대부분 시장에서 소외되어 있다. 대체로 이런 기업들은 저평가되어 있다. 이 중 상당수는 주가순자산비율(PBR, Price Book-value Ratio)이 1 이하다. 물론 소외되어 있는 기업이 무조건 좋은 것은 아니다. 관심받지 못하는 이유는 항상 있다. 그 이유가 합리적인지 아닌지를 따져보는 것이 중요하다. 과거에 있던 문제가 해결된 경우도 있고 해결되는 과정에 있는 기업도 있다. 지금은 아니지만 몇 년 후에는 해결될 수 있는 문제도 있다. 이에 대한 판단에 근거해 투자를 결정한다.

　내 판단이 옳았고 시간이 지나서 문제가 해결되면 시장은 관심을 보인다. 그러면 기업은 제 가치를 인정받는다. 그때가 내가 매도하는 시점이다. 실패하는 투자자들은 시장의 관심을 받을 때 매수해서 관심이 사그라질 때 매도한다. 나는 소외되어 있을 때 투자해서 관심을 받을 때 매도한다.

주가 변동 폭이
큰 종목에 투자한다

주가 변동 폭이
작은 종목을 찾는다

주가의 변동 폭이 큰 종목이 있다. 일주일 사이에 상한가와 하한가를 모두 기록하는 종목들도 심심찮게 보인다. 이외에도 며칠 동안 혹은 열흘 이상 쭉 상승해온 종목도 있고, 52주 신고가를 갈아치웠다는 종목도 있다. 많은 이들이 타이밍 잘 잡아서 이런 종목에 들어가면 단기간에 쏠쏠한 수익을 낼 수 있다고 생각한다.

물론 이렇게 해서 수익을 낼 수는 있다. 그러나 큰 수익을 내지는 못한다. 단기간의 흐름을 보고 들어갔기 때문에 길게 기다리지 못한다. 하루만에 1년 치 이자보다 많이 벌었다고 기뻐하지만, 거기까지가 끝이다.

이런 방식으로 단기투자를 하는 대부분의 사람들은 수익은 조금밖에 못 내지만 손실을 볼 때는 크게 본다. '이만큼 떨어졌으니 이제는 오르겠지' 하다가 한꺼번에 많은 금액을 잃는다. 매수가에서 ±3%가 되면 무조건 팔겠다는 계획을 세워도 그대로 실행하는 사람은 극히 드물다. 이 같은 방식의 극단적인 예가 데이트레이더(Day Trader)들이다. 직장이 있는 사람들은 절대로 할 수 없는 방식일 뿐더러 절대로 권하고 싶지 않은 방식이다. 짐작컨대 일주일만 그렇게 하면 신경쇠약증에 걸릴 것이다.

　나는 심심한 종목을 찾는다. 거래량도 많지 않고 주가의 변동 폭도 크지 않아 심심하다. 이런 기업이라야 충분히 공부할 수 있다. 1~2년 지켜보는 사이에 주가가 크게 오르내린다면 공부하기에 적당한 환경은 아니다. 공부와 소통을 하는 중에, 내가 기업에 대한 판단을 내리기도 전에 주가가 크게 상승하면 투자를 철회한다. 심심한 종목이라야 마음 편하게 투자를 지속할 수 있고 내가 원하는 만큼의 물량을 확보할 수 있다. 이미 들썩거리기 시작한 종목은 내 몫이 아니다.

CORPORATIONS I FIND IN DAILY LIFE

이 글에서 다루는 기업들은 절대로 추천 종목이 아니다. 제목 그대로 '생활 속에서 찾은 기업', 내가 기업을 고르는 기준에 대한 이야기다. 연습문제라고 생각하길 바란다.

| NH농협증권, 우리투자증권, 삼성증권, HMC투자증권 |

"투자를 하면서 평생 동행하고 싶다고 생각한 기업과 가지고 싶었던 기업은 각각 무엇이었나? 그리고 지금 투자를 한다면 어떤 기업에 하고 싶은가?"

2014년 3월 어느 방송사가 주관한 투자 강연회에서 받은 질문이다. 동행하고 싶은 기업, 가지고 싶은 기업과 그 이유에 대한 설명은 매우 길고 장황하므로 이 글에서는 생략한다. 세 번째 물음에 대한 내 대답은 다음과 같았다.

"제가 여러분이라면 이번에 합병이 결정되어 증권업계 1위로 부상할 NH농협증권과 우리투자증권, 확실한 주인이 있어 성장성이 담보된 삼성증권과 HMC투자증권에 투자하겠습니다."

투자자들은 의외라는 표정을 지었다. 예상치 못한 반응은 아니었다. 증권사의 전망을 밝게 보는 이는 많지 않다. 심지어 증권사 임직원들 중에도 비관적인 시각을 가진 사람이 많다. 2012년 이후 일평균 거래량은 지속적으로 줄어들고 있다. 2013년에는 전년도에 비해 30% 남짓 감소했고, 2014년 상반기 일평균 거래량은 2012년 같은 기간의 절반 수준이다. 거래 수수료를 주요 수입원으로 하고 있는 증권사의 수익이 줄어드는 것은 당연한 일이다. 그 여파로 지점은 통폐합되고 인력에 대한 구조조정이 벌어지고 있다.

이렇게 상황이 좋지 않은데도 나는 NH농협증권과 우리투자증권, 삼성증권과 HMC투자증권에 투자했다. 이들의 현재를 본다면 투자하지 않는 것이 맞을지도 모르겠다. 아직까지 증권사들은 증권 브로커리지 영업에 의한 수수료와 단순 IB(Investment Bank) 업무에 의한 수수료 수입에 의존하고 있다. 상품 운용에서도 선물옵션 중심의 트레이딩 관점에서 매매차익을 올리는 데만 급급하다. 수수료 수입이라는 울타리 안에 머물러 있는 것이다. 그러나 증권사들이 자신들의 울타리에서 나오기만 한다면 이야기는 달라진다. 울타리 너머에는 광활한 초원이 그들을 기다리고 있기 때문이다.

우리나라의 산업구조도 선진국형으로 바뀌고 있다. 과거 산업화 시대에는 은행 중심이었지만 이제 금융투자회사 중심으로 변해 갈 것이다. 금융투자 산업의 중요성이 어느 때보다도 커진 것이다. 이에 대한 여건도 마련되어 있다. 2007년 자본시장법이 제정되었고, 2009년부터 시행되었다. 과거와는 확연히 다르게 증권회사의 업무영역을 확장, 발전시켜준 법안이다. 이름도 '증권회사'에서 '금융투자회사'로 바꾸었다. 고객의 자산관리와 IB업무 부문을 강화시켜 우리나라도 JP모건, 골드만삭스, 씨티그룹, 모건스탠리 같은 글로벌 금융투자회사를 갖자는 것이 자본시장법의 취지다.

미래 성장산업인 자본시장의 기능과 역할에 있어 증권회사는 중요한 지점에 있다. 더 이상 증권회사가 보유하고 있는 현금자산보다도 저평가받고 있는 상황이 오래가지 않을 것이다. 고객에게는 이 종목이 좋다, 저 종목이 좋다 하면서 정작 자신들은 투자하지 않고 단순 브로커리지 수입과 상품 판매를 통한 수수료 수입에만 의존해서는 투자자와 기업과의 신뢰관계를 해치는 것은 물론 자본시장에 대한 불신만 키울 뿐이다.

고객과 기업의 자산 증가와 함께 회사와 직원도 성장하는 틀을 만들어야 한다. 매매해서 차익을 남기는 행위의 투자가 아니라 투자해서 성과를 공유하는 증권회사, 고객의 자산관리와 더불어 직접투자를 통한 수익을 추구하는 회사로 거듭나야 하지 않을까. 기업의 가치대비 주가도 충분히 빠져 있다. 금융투자 산업의 미래 환경도 나쁘지 않다.

과연 어떤 회사들이 새로운 환경에 적응하고 변화해나갈지, 두고 볼 일이다.

| 고려개발, KCC건설 |

1990년대 말의 'IT 버블'을 기억하시는가. 버블 붕괴 이후 시중에 풀려 있던 자금은 부동산으로 몰렸다. 정보력이 뛰어난 사람들만 아는 소식이 아니었다. 신문에도 부동산 경기 활황을 예고하는 기사가 많이 실렸다. 이러한 변화를 지켜보던 나는 궁금증이 생겼다. '어떤 업종이 가장 큰 수혜를 입게 될 것인가?'

2000년에 들어서면서 나는 건설사를 주목했고 여러 기업들 중 고려개발을 선택했다. 고려개발은 1980년대 후반에 자금 사정의 악화로 워크아웃된 적이 있었다. 거의 망할 뻔한 기업이라 찜찜하게 느껴질지 모르지만 고려개발은 그 과정에서 투명한 회사로 거듭났다. 그리고 거제 고현만, 천안, 용인, 용산역 주변에 개발 가치가 높은 부동산을 다량 보유하고 있었다. 덕분에 땅 구경을 실컷 했다.

KCC건설은 고려개발을 매도하고 투자한 기업이다. 2005년 부동산 경기는 여전히 활황기였고 고려개발보다 수익과 성장 가치면에서 우량하면서도 주가는 낮게 형성되어 있었다. 단기적으로는 고려개발이 KCC건설보다 주가 상승 폭이 컸다. 고려개발에 계속

투자했다면 수익이 더 크게 났을 것이니 잘못 판단한 것일까? 그렇지 않다. 시간이 꽤 지난 후 수익률을 근거로 판단해보니 KCC건설의 수익률이 훨씬 높았고 이후 고려개발은 재차 워크아웃에 들어갔다. 단기 수익률을 근거로 원칙을 흔들어서는 안 된다. 기업 가치에 근거해서 투자 원칙을 고수하는 것이 무엇보다 중요하다.

| 고려제강, 디씨엠 |

"저 무거운 교량을 지탱하고 있는 와이어는 누가, 어떻게 만든 것일까?"

고려제강은 오래전 인천공항을 오가다 아이들과 이야기하던 중에 생긴 이 궁금증을 해결하는 과정에서 알게 된 기업이다. 철강을 합금 및 가공 처리하여 와이어 등 특수 선재를 생산하는 기업으로, 이 부문에서는 국내 1등일 뿐만 아니라 세계적으로도 손꼽히는 기술력을 보유하고 있다. 이 기술을 바탕으로 자회사 KAT에서 새로운 먹거리 사업인 미래의 에너지원 핵융합로용 초전도 선재를 개발하는 등 세계 최고의 기술력을 인정받고 있다.

고려제강은 20여 개의 국내외 계열사를 거느리고 있다. 계열사들의 자산이 총 5400억 원에 달할 정도로 규모가 크며, 재무구조도 우량하다. 이 회사 자체도 오랜 외길 인생으로 축적해온 자본의 규모가 어마어마한데, 2013년 말 기준으로 자본금은 150억 원

(액면가 1000원)에 불과하나 자기자본이 무려 1조 2817억 원에 달해, 주당순자산가치(BPS, Book-value Per Share)가 7만 7504원으로 PBR이 0.49배이고 유보율은 7651%로, 국내 상장기업 중 최고 수준이다.

디씨엠은 1980년대까지 주로 일본에서 수입했던 고급 냉장고, 세탁기, 에어컨용 라미네이팅 컬러 강판을 1990년 국내 최초로 개발한, 기술력이 우수한 기업이다. 1991년부터 백색가전의 고급화와 김치냉장고의 출현으로 회사는 급성장하였고, 라미네이팅 컬러 강판 부문에서 국내 시장점유율이 50%에 이르는 강소기업으로 거듭 났다. 42년 동안 한눈 안 팔고 자본을 꾸준히 축적한 결과, 2013년 말 기준 부채 비율 14%, 유보율 2200%에 이를 정도로 재무구조가 우량한 회사가 되었다. 언제든 자기 돈을 활용할 수 있는 데다 잘 활용한다면 크게 성장할 수 있기에 잠재력이 큰 기업이다.

이들 기업은 자기 분야에서 장사를 잘하고 있다. 예상치 못한 악재를 만나더라도 재무구조가 우량하기 때문에 얼마든지 극복할 수 있다. 또한 이러한 유보자금은 새로운 기회가 될 수 있다. 이것이 고려제강과 디씨엠의 공통점이다.

| 넥상스코리아(대성전선) |

나는 "나라가 망해도 망하지 않을 기업에 투자한다"라는 말을 종종 한다. 우리 사회에 꼭 필요한 부분에서 탄탄한 입지를 구축하고 미래 먹거리에 대비하고 있는 기업이라면 망할 이유가 없다고 본다.

2000년 당시 대성전선은 중견 전선업체 중에서도 매출, 수익성, 재무구조 등에서 가장 우량했다. 그리고 초전도 선재 개발에 투자하고 있었다. 초전도 선재는 전기저항이 없는 물질이다. 발전소에서 보낸 전기를 손실 없이 전달할 수 있는 데다 핵융합 발전을 위해서도 필요한 물질이다. 기술이 개발된다면 혁명적인 변화가 일어날 것이다.

대성전선은 지금은 투자하고 싶어도 하지 못하는 기업이 됐다. 세계 1위 전선업체인 프랑스계 기업 넥상스가 2001년 3월 인수해 상장을 폐지시켰기 때문이다. 그래서 대성전선에서 넥상스코리아가 되었다. 지금은 외국 기업의 자회사로서 전선 부문에서 나름의 입지를 다지며 성장하고 있는 줄로 안다.

| 넥슨지티(게임하이) |

영업이익률 70% 이상의 매력적인 캐시 카우, '서든 어택' 게임을 개발한 기업이다. 2009년 당시 콘텐츠 산업을 공부하던 차에 이 기업을 탐방했는데 많은 젊은이들이 게임 개발에 열정을 다하던 모습이 상당히 인상적이었다. 1인칭 슈팅게임 분야에서 시장점유율 70%를 자랑하는 강소 게임사로, 당시 중국 진출을 적극적으로 추진하고 있었다.

게임 선진국인 우리나라에서 잘나가는 게임이라면 중국에서도 얼마든지 승산이 있다고 판단했다. 하지만 당시 게임 중독에 대한 사회적 문제가 대두되어 투자를 길게 하지는 못했다. 2010년에 우리나라 게임업계 일인자인 넥슨이 게임하이를 인수했고, 2014년에는 회사명을 넥슨지티로 바꿨다.

자원이 부족한 우리나라의 강점은 인재가 풍부하다는 것이다. 국내 게임 산업은 2013년 약 10조 8000억 원의 매출과 3조 1000억 원의 수출을 기록했다. 콘텐츠 산업에서 게임 산업의 수출 비중은 58%이다. 전 세계 게임 시장은 120조 원인데, 앞으로는 모바일 게임의 세계 시장 규모가 더욱 커질 것이다. 콘텐츠 산업을 전략 산업으로 육성하고 이를 통해 외화벌이를 하면 국익에도 긍정적인 영향을 끼칠 것으로 예상된다.

| 농심 |

맛있는 라면을 맛있게 끓이는 방법만 알면 된다, 투자를 하지 않을 거라면. 그러나 투자자라면 자신이 반복적으로 구매하는, 그리고 다른 사람들이 좋아하는 상품에 대해서도 관심을 가져야 한다. 남녀노소를 불문하고 우리나라에서 농심을 모르는 사람이

얼마나 있을까. 여러분도 광고에 나왔던 노래 몇 구절은 알고 있을 것이다. 다만 '투자 기회로서의 농심'을 보지 못했을 뿐이다.

특별한 계기가 있어서 농심에 관심을 가지게 된 것은 아니다. 일주일에 한 번 이상은 라면을 먹었고 애들도 좋아했다. 주로 먹는 라면을 보니 농심이었다. 관심을 가지기 시작했던 2000년대 초반에 농심은 본래 개당 200~300원하던 라면 가격을 500~600원으로 인상했다. 라면은 한 때 저렴하게 한 끼를 때우는 쌀의 대용품이었지만, 어느샌가 독자적인 음식이 되어 있었다. 가격을 인상하더라도 라면 소비가 줄어들 것이라고 생각하지 않았다.

또 13억 인구의 중국 시장에, 그것도 컵라면이 아닌 끓여 먹는 라면으로 진출하고 있었다. PBR 0.5배의 자산주라는 점도 매력적이었다.

| 대동공업 |

2004년부터 투자를 시작한 애증의 기업이다. 2009년 일부를 매도해 차익을 실현한 뒤 다시 투자를 늘려 지분이 16%가 되었다. 지금은 내가 대동공업에 왜 이렇게 오랫동안 투자하고 있는지, 왜 그렇게 많은 지분을 갖고 있는지에 대한 이야기가 소문이 꽤 났다. 그래서 이제는 질문을 덜 받지만 몇 년 전까지만 해도 '농촌에 무슨 미래가 있다고 농기계업체에 투자를 하고 있느냐'라는 질문을 많이 받았다.

일반적인 시각으로 보면 그럴 수 있다. 아기 울음소리가 들린지 오래고, 쉰 살이 넘은 사람이 청년회장을 하는 농촌에 성장 가능성 따위가 있을 리 없다. 그러나 나는 다른 관점으로 보았다.

쌀을 빼면 우리나라 식량자급률은 4%밖에 되지 않는다. 쌀 자급률도 2011년에는 104%였지만 2013년에는 89%로 떨어졌다. 2010년 기준으로 쌀을 포함한 우리나라 식량자급률은 26%인데 반해 호주, 프랑스, 미국, 캐나다, 체코 등의 나라는 100%가 넘는다. 전 세계적으로 인간이 제어할 수 없는 기상이변이라도 일어나면 우리나라는 어떻게 되겠는가. 생각만 해도 끔찍하다.

식량 부족으로 인한 국가의 위기는 과도한 걱정이 아니라 언제든지 일어날 수 있는 재앙이다. 현실적으로 보면 농촌을 상대로 장사를 하는 기업이야말로 사양업종이기에 투자하면 안 된다고 할 수 있지만, 나는 반대로 생각한다. 농업과 농기계 산업이 사양업종이 되면 안 되므로 투자해야 한다는 것이다. 생각의 순서는 다음과 같다.

'식량자급률이 50%는 되어야 한다. 농촌의 인구는 점점 줄어들고 있다. 줄어든 인구로 50%의 자급률을 맞추기 위해선 기계화가 필수다. 대동공업은 국내 1위 농기계업체고 독보적인 기술력이 있다. 따라서 대동공업의 미래는 밝다.'

아직까지는 식량 안보가 공론의 장으로 나오지 않았지만 머지않아 우리 사회는 이에 대한 합의에 이를 것이라고 생각한다.

그동안 내가 대동공업의 경영진들과 적지 않은 마찰을 빚었다는 것은 알 만한 사람은 다 아는 사실이다. 농촌을 위해서라도 절대로 망하면 안 되는 기업이니까 보수적으로 경영하는 건 이해가 되는데 매출에 비해 이익이 너무 적게 났다. 농민들에게서 이익을 많이 내지 않는다는 점을 감안하더라도 말이다. 경영진들과 소통도 잘 되지 않았다. 마치 투자자들이 대동공업이라는 기업이 있다는 사실을 잊어주기를 바라는 듯했다.

10년 동안 질기게 마찰을 빚은 때문인지(나는 그렇게 생각하고 있다), 아니면 내부의 변화 때문인지 알 수 없지만 최근 대동공업은 달라졌다. 다목적 농기계 차량도 내놓고, 4년 동안 500억 원을 들여 농기계 기업으로는 국내 최초로 '티어(Tier)4'를 만족시키는 엔진도 개발했다. (티어4는 미국 환경보호청의 배출가스 규제 제도로 오염물질 배출의 허용 기준을 정해놓은 것인데 1~4단계가 있다. 4단계의 배출기준치가 가장 낮다. 2015년부터는 국내에 출시하는 트랙터, 콤바인 등에도 티어4 기준에 적합한 엔진을 장착해야 한다. 전기트랙터는 이미 개발 완료한 상태다.)

2014년 2월에는 전국의 대리점주 300명이 참석한 자리에서 2017년까지 매출 1조 원을 달성하겠다는 사업 전략을 발표하기도 했다. 놀라운 변화가 아닐 수 없다. 그동안 움츠리면서 축적한 역량을 뿜어내는 것처럼 보인다. 대동공업 매출의 절반은 수출이 차지하고 있다. 중국에서도 인기가 좋다고 하니 해외 매출도 더 늘어날 것이고, 2015년이 되면 새로운 엔진을 장착한 농기계로 국내 시장의 점유율도 더 높아질 것이라고 전망한다. 최근 주가 흐름을 보면 나와 비슷한 생각을 하는 사람들이 늘어난 듯하다.

대동공업의 미래를 긍정적으로 보는 이유가 한 가지 더 있다. '통일은 대박'이라고 하는데 통일이 되기 전에라도 남북이 경제적인 면에서 긴밀하게 협조한다면 대동공업에게도 기회가 온다. 북한에서 가장 시급한 것이 식량난이기 때문이다.

| 보령제약 |

한국능률협회가 주관한 '2000년 한국의 경영자상'을 국내 제약업계 최초로 수상했다는 기사를 본 것이 보령제약에 관심을 갖게 된 계기였다. 수상의 주인공은 보령제약 김승호 회장이었다. 경영자의 능력이 상당 부분 검증되었으므로 관심을 가지기에 충분한 동기가 되었다. 게다가 마침 고령화 시대의 도래에 맞춰 제약과 헬스 산업에 관련된 투자처를 찾고 있던 때였다. 당시 겔포스와 용각산 등의 TV 광고를 보니 확실한 브랜드 가치가 돋보였고, 재무구조가 우량하며 매년 배당을 하는데도 주가는 저평가되어 있었다. 1호선 금정역 인근에 9000평의 땅을 가지고 있다는 점도 좋았다.

2000년부터 매수하기 시작했는데 매출액에 비해 순이익이 너무 적게 났다. 주가 역시 움직이지 않았다. 무엇이 문제인가 싶어 들여다봤더니 연구개발, 홍보, 직원 교육 등에 300억 원을 쏟아 붓고 있었다. 능력 있는 경영자가 있고 이익을 재투자하는 기업이라면 성장 가능성은 충분하다고 생각했다. 그래서 6년 동안 소통하고 인내하면서 기다릴 수 있었다. 내가 투자할 무렵 개발을 시작했던 고혈압 치료제 '카나브'는 2012년 출시되어 큰 성공을 거두고 있다.

▎삼광글라스(삼광유리)▎

예전에는 사용되지 않던 말이 여러 매체에서 지겹도록 쓰인다면 패러다임의 변화가 일어나는 것은 아닌지 관심을 가져볼 만하다. 지금은 너무 당연한 것이 되어서 지겹기까지 한 '웰빙 열풍'도 그중 하나다.

소득이 높아지면서 사람들은 저렴한 것보다는 건강에 해가 되지 않는 상품을 찾았다. 플라스틱 용기의 환경호르몬 문제가 이슈가 된 것은 이런 이유 때문이었다고 생각한다. 음식을 담아 둘 용기는 언제나 필요한데 지금까지 쓰던 플라스틱 용기는 불안한 상황이었다. 많은 사람들이 환경호르몬 걱정 없는 용기를 원하기 시작하면서 유리 용기에 대한 관심이 높아졌다.

삼광글라스는 유리병과 맥주 캔을 만들어 두산그룹 등 주류업체에 납품하는, 단순 종속기업이었다. 그런데 웰빙 열풍과 그에 따른 적절한 대응이 기업의 가치를 달라지게 만들었다. 삼광글라스는 변화가 무르익던 시점인 2005년에 '글라스락'이라는 유리 용기를 내놓았고 시장에서 폭발적인 반응을 얻었다.

사실, 나는 한 발 늦었었다. 내가 삼광글라스에 관심을 가졌던 2006년 중반에는 이미 단기간에 주가가 3배 정도 오른 상황이었다. 평소 같았으면 '다른 사람의 몫이다'라고 했을 텐데 패러다임의 변화가 있었기에 좀 더 관심을 가졌다. 공부를 해보니 재무구조도 안정적이고 우량한 자회사를 거느리고 있었다. 과거에 비해 많이 오르긴 했지만 기업의 가치와 비교해보면 여전히 저평가되어 있었다.

패러다임의 변화가 오면 그 변화의 수혜를 입는 기업이 크게 성장한다. 다만 일시적인 열풍은 아닌지 주의해서 살펴볼 필요가 있다.

| 삼천리자전거, 참좋은레져, 알톤스포츠 |

2013년 우리나라 자전거 인구가 1000만 명을 넘어섰다고 한다. 내가 처음 자전거 산업에 관심을 가졌던 2007년 무렵에는 자전거에 관한 자료를 거의 찾아볼 수가 없었다. 당시 행정자치부 자료를 통해 2002년 자전거 보급률이 14%밖에 안 된다는 낡은 정보를 얻었을 뿐이다. 그런데 환경 문제가 대두되고 웰빙 열풍이 불기 시작하면서 자전거에 많은 관심이 쏠렸고, 곳곳에서 자전거 도로가 정비되었다. 자전거로 출퇴근하는 '자출족'이 생겨나는가 하면, 주말에는 자전거 레저를 즐기는 사람들도 눈에 띄게 늘어났다.

자전거 보급률이 60~70% 이상인 선진국에 비하면 우리나라는 아직 자전거 시대 초기라고 할 수 있다. 자전거는 이산화탄소를 배출하지 않는 친환경 교통수단인 동시에, 근육과 심폐 기능을 높이는 유산소 운동 도구이자 레포츠 수단으로서 효용도가 높다. 시원한 강변길을 따라가며 아름다운 금수강산을 만끽할 수 있는 자전거 코스도 많다. 앞으로 삼삼오오 모여 자전거 타는 사람들의 모습을 더 많이 볼 수 있게 될 것이다.

| 쎄트렉아이 |

'우리별 1호' 개발에 성공한 카이스트 인공위성연구센터 출신 연구원들이 1999년에 독립해서 만든 인공위성 전문업체다. 위성의 완제품과 본체, 탑재체, 그리고 지상체 등을 주력 생산하여 전 세계에 수출하고 있다. 위성 완제품 생산 능력을 보유한 업체로는 우리나라 기업 중 유일하고, 세계적으로도 프랑스, 영국에 이어 세계 3위 소형위성업체로 자리 잡았다.

위성 산업은 군사 기술, 관측, 영상 판매 등의 분야에 큰 영향을 미치게 될 미래 성장산업이다. 이 기업은 2012년에 세계 최초로 해상도 1m의 위성을 발사했고 동 제품을 스페인과 싱가포르에 수출한 상태이며, 아랍에미리트와 터키로부터도 수주에 성공했다. 현재 0.5m급 스페이스아이-엑스(SpaceEye-X)를 개발 중에 있고, 곧 0.3m급 개발에도 나설 계획이다.

정부가 추진하는 정찰위성 사업에도 참여할 계획이다. 정부는 2020년~2023년 사이에 모두 5개의 군 정찰위성을 발사하기로 했다. 총 7200억 원 규모로, 회사 측은 본체 부문에서 약 2500억 원 규모의 참여가 가능하다고 밝혔다. 수주만 되면 5년간 매년 500억 원 매출이 가능하며, 이는 2013년 연매출의 158% 규모이다. 이를 위해 130억 원을 투자해 공장도 새로 짓고 있다.

새로 진출한 위성영상 판매 사업의 전망도 밝다. 세계 상용 위성영상 시장은 현재 14억 달러로, 2021년까지 연평균 11% 성장을 이어가며 39억 달러 규모에 이를 것으로 예상되고 있다. 회사는 2013년 정부로부터 70억 원에 영상사업권을 사고 총판을 구축했으며, 지난 4월부터 본격적인 영상 판매 사업을 개시했다. 회사의 강점은 작지만 싸고, 빨리 만든다는 데 있다. 독창적이고 우수한 수익 모델, 탁월한 기술력, 높은 국내외 인지도, 국가 정책의 수혜 등 하나도 빼놓을 게 없는 전도유망한 기업이다.

| 아이에스동서 |

1998년 내가 교보증권 압구정지점장으로 있던 시절, 정말 투자하고 싶었던 기업이 있었다. 바로 동서산업이다. 당시 동서산업은 워크아웃되어 매물로 나온 기업이었지만 욕실업계의 선두주자였고, 각 지역에 다량의 부동산을 보유한 알짜 기업이었다.

그런데 부동산 개발의 귀재인 일신건설 권혁운 회장이 2008년 사명을 아이에스동서로 바꾸면서 이 기업을 흡수합병했다. 부동산 개발 능력이 있는 기업이 전국 각지에 다량의 토지를 보유하게 되었으니 실적이 좋아지는 건 뻔한 일이 아니겠는가. 외형만 커진 것이 아니라 내실도 단단히 다져서 영업이익이 2009년 249억 원에서 2013년 558억 원으로 늘어났다.

2010년에는 비데 제조업체 삼홍테크를 인수한 데 이어, 2011년에는 렌털 전문업체이자 공장 계측기, 건설 장비와 기업체 노트북 렌털 부문의 최강자로 꼽히는 한국렌털의 최대주주가 되면서 사업을 다각화했다. 제조 부문에서 업계 중 유일하게 타일, 위생도기 등 욕실에 관한 제품 전반을 생산하는 만큼 건설 및 렌털 사업 노하우를 접목한 토털배스(Total Bath) 비즈니스를 선보일 수 있게 된 것이다. 현재 건설 부문과 제조 부문의 비율이 6:4인데, 이것을 4:6으로 바꾸겠다는 계획도 발표했다. 건설, 제조, 물류, 렌털에 이은 완벽한 사업구조 재편으로 미래 성장동력 확보와 높은 부가가치 창출이 기대되는 기업이다.

| 안랩(안철수연구소), 윈스(윈스테크넷), 이글루시큐리티 |

IT 기술이 발달함에 따라 보안 기술을 제공하는 기업은 우리 사회에 없어서는 안 될 존재가 되었다. 인터넷에 연결된 컴퓨터는 항상 해킹의 위험에 노출되어 있다. 기업의 서버가 해킹당할 경우 중요한 기밀이 빠져나갈 수 있으며, 기업의 내부 직원이나 산업 스파이가 기밀을 빼돌릴 위험도 늘 있다. 스마트폰 사용자가 늘어나면서부터는 PC 시장에서 모바일 시장으로 보안 영역이 확대되었다. 여기에 스마트 기기들의 사물인터넷 시대가 열리면서 융복합 보안관제의 필요성도 대두되고 있다.

우리나라는 세계 최고의 IT 선진국이지만 보안에 대한 인식은 여전히 낮다. 보안에 대한 투자를 비용으로만 인식하기 때문이다. 하지만 해킹 및 정보 유출 사고 등으로 피해를 입었을 때 이 문제를 해결하는 데 드는 비용은 더욱 막대하다. 정보화된 사회에서 보안 산업이 지속적으로 성장, 발전할 수밖에 없는 이유다.

| 에스피지 |

나는 늘 투자하려는 기업의 업종을 이해해야 한다고 말한다. 전혀 모르는 업종을 이해하려면 시간과 노력이 많이 들지만 이미 투자했던 업종과 연관된 분야의 기업이라면 좀 더 쉽게 접근할 수 있기 때문이다. 그 과정에서 발견한 기업이 에스피지다.

2009년 삼천리자전거를 매도한 뒤 이와 연관된 기업을 찾고 있던 차에 전기자전거에 대한 논의가 솔솔 피어오르고 있음을 알게 됐다. 전기자전거의 핵심 부품은 무엇인가? 전지와 모터다. 나는 과도한 관심을 받고 있던 전지보다 모터 쪽에 관심이 갔다. 모터는 거의 모든 기계의 심장 같은 것임을, 공부를 하다가 알게 되었다. 생각해보면 그렇게 놀라운 사실도 아니다. 여러분이 알고 있는 기계들 중에도 모터가 없는 것보다 있는 것이 압도적으로 많을 것이다. (용도에 따라 여러 종류의 모터가 있는데 자세히 들어가면 복잡해지므로 궁금한 분은 직접 공부해보시기 바란다.) 내가 중요하게 생각했던 것은 인간이 기계를 만드는 한 모터는 계속 필요하다는 점이었다.

모터를 생산하는 기업들 중 하나인 에스피지는 영구자석을 이용하여 재료비를 낮추고 에너지 효율을 극대화시킨 브러시리스 직류(BLDC, Brushless DC) 모터를 생산하는 독보적인 기술을 갖춘 강소 기업이다. 2009년 당시 전체 직원 중 연구개발 인력이 30%를 차지하고 있었으며, 소형 정밀제어용 기어드모터 부문에서 국내 1위라는 평가를 받고 있었다. 태동기에 있는 로봇 산업에서 새로운 발전 기회를 잡을 수 있다는 잠재력도 있었다. 지난 4년간 매년 4~6%의 배당을 하고 있다는 점도 매력적이었다.

앞의 글에서도 밝혔듯이 나는 부품업체를 선호하지 않는다. 이왕이면 완제품을 만들어 소비자들과 직접 만나는 기업을 좋아한다. 원청업체의 결정에 생사가 달려 있다면 '망하지 않을 기업'이라는 내 기준에서 크게 벗어난다. 그러나 에스피지는 고효율 제품을 중심으로 수익 모델을 다각화하면서 독자노선을 걸어가고 있었다. 한 대기업에서 3000억 원 가량의 납품 제안을 받았지만 하청업체로 전락하지 않고 독자적인 브랜드를 유지하기 위해 거절한 적도 있었다. 2013년 매출의 약 3배에 이르는 제안을 거절했다는 데서 회사와 기술에 대한 자부심을 읽을 수 있었다. 장기적으로는 그보다 더 크게 성장할 것이라는 자신감이기도 하다.

모터는 거의 모든 기계에 꼭 필요한 부품이다. 에스피지는 자기 분야에서 1등이며, 안정적으로 성장할 기업이다. 기술력이 뛰어나므로 크게 성장할 가능성이 얼마든지 있다. 투자하지 않을 이유가, 없다.

| 에이티넘인베스트먼트, 대성창투, 디피씨 |

"창업투자회사가 잘되어야 한다. 그래서 투자했다"라고 말하면 이상하게 들리겠지만, 사실이다.

내가 창업투자회사에 투자했다니까 어떤 분이 "투자수익률이 창업투자회사보다 더 높으면서 왜 투자했느냐?"라는 질문을 했다. 지금까지의 투자수익률만 보면 맞는 말이다. 그런데 나는 다른 관점에서 본다.

우리나라 경제가 잘 돌아가려면 창업투자회사가 잘 돌아가야 한다. 다시 투자한 이유로 돌아가는데, 창업투자회사의 투자수익률이 지금보다 높아져야 우리나라 경제가 잘 돌아가기 때문에 투자를 한 것이다. 여전히 이상하게 들리겠지만 다음 내용을 보면 이해가 될 것이다.

어떤 사업가가 오랜 노력 끝에 시장성 있는 기술을 개발했다고
치자. 이제 이 기술을 사업화해야 하는데 돈이 없다. 그래서 은행
에 가서 대출을 신청하니 담보를 요구한다. 돈을 쌓아놓고 기술을
개발하는 사업가는 드물다. 충분한 담보가 있었다면 그 돈으로
사업화를 시도했을 것이다. 이런 상황에서 귀인을 만나 사업 자금
을 구한다면 다행이지만 그러지 못할 경우 많은 일자리를 창출할
수도 있었을 기술이 사장되어버린다. 여기까지가 은행을 중심으로
한 산업화 시대의 금융지원 시스템이다. 달라진 부분도 없지 않지
만 우리나라의 금융지원 시스템은 여전히 산업화 시대에 머물러 있
는 상태다.

창업투자회사는 대출이자를 받는 게 아니라 성장의 과실을 함
께 공유하는 시스템이다. 자본력이 있는 창업투자회사가 많아진다
면 어떻게 될까? 미래 가능성이 있는 기술이 돈 때문에 사장되는 일
은 없을 것이다. 대기업의 일자리는 전체 노동시장의 10%도 안 된
다. 대기업이 적극적으로 투자해서 일자리를 늘린다고 해도, 정말
과감하게 투자해서 일자리를 10% 늘린다고 해도 전체 노동시장으
로 보면 11%에 불과하다. 결국 우리 사회를 괴롭히고 있는 일자리
문제는 벤처기업, 중소·중견 기업 부분에서 해결되어야 한다.

창업투자회사는 벤처기업이 중소·중견 기업으로 성장할 수 있
는 토대를 만들어주는 역할을 한다. 창업투자회사가 벤처기업에
투자해 중소기업으로 키우고, 거기서 번 돈으로 다시 벤처기업에
투자하는 선순환을 만드는 것이 나의 그림이다. 결국 창업투자회

사가 잘된다는 의미는 벤처기업, 중소·중견 기업이 잘된다는 의미이자 우리나라 경제가 잘된다는 의미가 된다.

우리 경제가 한 단계 더 도약하려면 창업투자회사를 활성화시켜야 한다는 생각에 동의하는 사람이 늘어난다면(이번 정부의 창조경제가 이것이 아닌가 생각한다), 제도와 여건이 갖춰지고 창업투자회사가 잘될 것이다. 즉, 창업투자회사의 투자 수익률도 높아진다. 나는 미래 가능성이 있는 벤처기업을 볼 시간도, 능력도 없으니 창업투자회사에 투자를 해놓고 대리 경영을 시키고 있는 것이다.

창업투자사 중에서 내가 주목하는 기업은 에이티넘인베스트먼트, 대성창투, 디피씨 등이다. 에이티넘인베스트먼트는 국내에서 다양한 상장기업을 인수합병하며 가장 활발하게 활동하고 있는 창업투자회사 중 하나다. 대주주인 이민주 회장은 벤처 1세대로서 1조 원의 재산을 가진 거부이며, 특유의 프런티어(Frontier) 정신을 발휘하여 수년 전부터 미국에 대규모 셰일가스 투자를 진행하고 있는 인물이다. 에이티넘인베스트먼트는 그런 그의 첨병 역할을 하고 있다.

대성창투는 대성그룹의 일원으로, 업력이 27년이나 된다. 최근에는 말라리아 진단 키트 제조사인 엑세스바이오에 투자해 성공을 거두었고, 콘텐츠와 에너지 기업 등 창투업 본연에 충실한 투자를 많이 하고 있다고 평가받고 있다.

마지막으로 디피씨는 제조 사업 부문과 창투업을 동시에 하고 있으며, 국내에서 가장 성공한 투자회사 중 하나인 스틱인베스트먼트의 지분 100%를 보유하고 있다. 디피씨는 수탁·운용 자산만 2조 5000억 원에 이르고, 보수 수수료만 한 해에 150억 원 이상을 올리는 스틱인베스트먼트와의 협업을 통해 국내 창투업계의 수위를 노리고 있는 회사다. (각 기업에 대한 자세한 내용은 직접 공부해보시라.)

| 와토스코리아 |

양변기와 수도꼭지에 들어가는 절수용 부품을 생산하는 기업으로, 2014년 4월 현재에도 시가총액 400억 원을 조금 넘는 작은 기업이다. '물 절약'이라는 면에서 우리 사회에 꼭 필요한 기업이었기에 눈길이 갔다.

사실 납품업체이기에 내가 좋아하는 비즈니스모델은 아니었다. 그러나 국내외 특허 및 실용실안 등 지적재산권 100건을 보유하고 있을 만큼 제품 경쟁력이 있다는 사실에 관심이 갔다. 이를 바탕으로 국내 시장에서 점유율 80%를 차지하고 있었다. 꾸준히 2% 정도의 배당을 해왔다는 점과 영업이익율이 평균 20% 전후로 높다는 점도 긍정적이었다.

내가 특히 높게 평가했던 부분은 오너의 이력이었다. 40년 동안 이 분야에서 일한 전문가인 오너는 기술력을 바탕으로 가장 좋은 제품을 저렴한 가격에 공급함으로써 회사의 가치를 올리고 있었다. 각 생산 파트별로 우수하고 리더십이 뛰어난 직원을 소사장으로 만든 것은 원가 절감에 도움을 주었다.

와토스코리아는 2013년 전라남도 장성으로 옮겼다. 해외로 진출하기 위한 포석을 깐 것이다. 일본, 베트남, 중국 등으로 보내는 물류비용이 절감될 것으로 예상돼 수출 확대를 기대하고 있다.

| 조광피혁 |

바이오, IT처럼 화려한 기술을 보유한 기업들은 시장의 주목을 받는다. 특히 개인 투자자들이 열광한다. (최근에는 사물인터넷이 새로운 테마로 부상하고 있다.) 그 시대를 관통하는 키워드를 놓쳐서도 안 되지만 허겁지겁 따라가는 것도 좋은 모양새는 아니다. 지금까지 내가 투자한 기업들을 보면 화려해 보이는 기업보다는 자기 자리에서 오랫동안 맡은 바 책무를 다한 기업들이 훨씬 더 많다. 과거의 역사가 있으니 현재의 가치를 판단하는 일도, 미래를 예측하는 일도 비교적 쉽다.

그런 기업들 중 하나가 조광피혁이다. 업계 1위인 조광피혁은 업력이 50년이다. 관심을 가지기 시작했던 2005년 당시 부채 비율도 낮았고 매년 1000억 원 이상의 매출에 50억 원 이상의 순이익을 거두고 있었다. 피혁공장이라고 하면 왠지 70~80년대의 암울한 공장 분위기가 떠오르면서 국내에 아직 그런 기업이 있을까, 심지어 상장까지 된 기업이 있을까, 하는 의심이 들 법하다. 그러나 여러분이 얼마나 많은 가죽 제품을 사용하는지 체크해보면 생각이 달라질 것이다. 신발, 벨트, 지갑, 옷, 핸드백, 가구, 자동차 등 가죽의 쓰임새는 무궁무진하다. 앞으로 최소 100년 동안은 인류가 소고기를 끊지 않을 것 같으니 원료 공급에도 문제가 없다. 앞으로 100년 동안은 가죽 제품이 소비될 것이다.

내가 보기에는 정말 좋은 기업인데 어쩐 일인지 소외되어 있었고 주가도 상당히 저평가되어 있었다. 매년 성장 폭을 키워가지 않더라도, 즉 지금까지 벌던 대로만 벌어도 기업의 가치는 상승할 텐데 2005년 당시 PBR이 0.3 부근에서 맴돌고 있었다. 내가 투자를 시작한 시점은 2006년으로 8000원대부터 매수를 시작했다. 2008년 금융위기로 4000원대까지 떨어졌을 때에도 추가 매수를 했다. 그렇게 시작해서 10%까지 지분을 보유하게 되었다.

조광피혁의 지분은 조광피혁이 45%를 가지고 있다. 이익이 나면 배당을 하거나 재투자를 하기보다 자사주를 매입했던 것이다. 평화로운 주주총회는 없었던 것으로 알지만 2012년 2월에 있었던 주총의 분위기는 꽤 살벌했다. 무려 5시간 동안 이어진 주총에서는 고성이 들렸다. 보통 고성은 흔히 오가는 편인데 그 날은 주주들만 고성을 냈다. 대주주를 대신해 나온 임원은 '무슨 뜻인 줄은 알지만 내가 무슨 힘이 있느냐'라는 태도였다. 주총이 끝난 뒤에는 주주들끼리 모여서 대책을 논의하기도 했다. (나는 이와 같은 주주들의 활동이 중요하다고 생각한다.)

역시 10년 가까이 마찰을 빚었기 때문인지, 내부의 변화 때문인지 알 수 없지만 조광피혁도 변화하기 시작했다. 안정 위주의 폐쇄적인 경영을 하다가 조금씩 열린 경영 쪽으로 움직이고 있는 것이다. 음지에서 양지로 나오는 듯한 느낌이다.

최근에는 피혁 부문 2위인 삼양통상의 지분 5%를 취득했고, 워런 버핏의 버크셔해서웨이의 주식 40주를 취득하기도 했다. (고작 40주를 사는 데 무려 73억 원이 들어갔다.) 원재료의 95%를 수입에 의존하는 만큼 외화부채 관리를 위한 조처였다고 한다. 1만 원 근처에서 움직이던 주가는 2012년 초부터 꾸준히 상승해 2014년 7월 21일 9만 8200원으로 마감되었다.

여기서 재미있는 이야기 한 가지. 다양한 가격대에 사서 평균 매수단가는 다르지만 4000원대에 매수한 수량도 있다. 지금 주가를 기준으로 10% 상승하면 수익률이 200%를 넘는다. 예를 들어 4500원에 1억 원어치를 매수했고 현재 주가 9만 8200원에서 10% 상승할 경우 2억 1820만 원의 차익이 발생한다. 즉 주가는 전일 대비 10% 상승했지만 원금 대비 수익률은 218%인 것이다. 이것이 기업과 오래 동행하는 데서 오는 묘미다.

| 코엔텍 |

산업폐기물을 전문적으로 처리하는 환경기업이다. 산업체에서

배출하는 각종 쓰레기, 폐기물 등을 수집·운반·처리하는데, 방사성 폐기물을 처리하는 기술도 보유하고 있다. 폐기물을 소각하는 과정에서 생산되는 스팀(Steam)을 인근 산업체에 판매함으로써 부가적인 수입도 올리고 있다. 100% 지분을 소유한 용신환경개발은 건설폐기물을 재처리해 순환골재를 생산하고 있다.

폐기물 산업은 초기에 많은 자본이 필요하고 기술력이 있어야 하기 때문에 경쟁자가 난립하기 어렵다. 현재까지 업력 21년을 기록하고 있는 코엔텍은 울산 산업공단에 있으며, 이 지역에서 부분별로 시장점유율 5~10%를 차지하고 있다.

경제 규모가 커짐에 따라 폐기물도 늘어나고 있으며 환경 규제도 강화되어 가는 추세다. 미래 성장산업인 것이다. 수익성도 좋아서 회사의 지난 3년간 평균 영업이익률이 25% 내외이며, 주가수익비율(PER, Price-Earning Ratio)이 13.5배, PBR 1.4배다.

왜 이렇게 저평가되어 있는 것일까? 저평가에는 반드시 이유가 있다. 그 이유를 찾아내지 않고 PER, PBR 등이 낮다고 무턱대고 투자해서는 안 된다. 코엔텍이 저평가된 이유는 비교적 찾기 쉽다. 정치인 테마주로 엮인 적이 있기 때문이다. 코엔텍 지분의 10%를 현대중공업이 가지고 있는데, 그 바람에 '억울하게' 정몽준 테마주로 분류되었다.

테마주로 엮이면 단기간에 고평가 국면에 접어든다. 그러다가 테마주 열풍이 식으면 그 기업의 본래 가치보다 더 낮게 평가되기도 한다. 코엔텍이 그런 경우다. 기업의 가치와 관계없이 테마에 얽혀 주가가 춤을 추는 종목에는 들어가지 말아야 한다. 하지만 억울하게 테마에 얽힌 기업이라면 열풍이 식은 뒤에 싼 값에 매수할 수 있는 기회가 오기도 한다.

| 태평양물산 |

국내에서는 처음으로 오리털과 거위털을 가공·판매하기 시작한 회사이자, 40여 년 동안 패션업계 한길만 걸어온 기업이다. 중국에 진출했다가 재빠르게 철수하고 1990년대부터 베트남 등지에 진출해 해외 생산기반을 완벽하게 구축해놓았다.

2010년에 27억 원 가량 적자를 보여 크게 실망한 적이 있었는데, 알고 보니 수출납기를 맞추기 위해 배 대신 비행기를 이용하면서 막대한 비용이 발생한 탓이라고 했다. 바이어와의 신뢰를 그만큼 중요하게 생각하는 회사라면 믿음를 가지고 오랫동안 동행할 수 있겠다고 생각했다. 게다가 2010년 말 구로디지털단지에 있던 본사 건물을 첨단 오피스빌딩으로 재건축하면서 연 임대수익만 70억 원을 내는 안정적 수익구조를 가지게 되었다.

2012년 가을에는 직원, 바이어, 협력업체, 투자자를 한데 모아 놓고 비전 선포식을 열었는데, 당시 경영 2세였던 임석원 CEO의 소통과 공감의 경영전략에 크게 감동했다. 50주년이 되는 2022년까지 매출 3조 원을 달성하겠다고 했다. 2013년 매출이 약 8200억 원(+38%)을 시현한 걸 보면 결코 허언은 아니라는 생각이 든다.

　최근 생활 수준이 높아지면서 오리털과 거위털을 소재로 한 아웃도어 및 침구류의 소비가 늘고 있다. 또한 대부분 주문자상표부착생산(OEM, Original Equipment Manufacturing) 방식이던 수출을 제조자개발생산(ODM, Original Development Manufacturing) 방식으로 전환하고 있다는 점도 긍정적이다.

| 한국경제TV |

　2011년부터 2013년까지 영업이익은 105억 원, 65억 원, 21억 원으로 대폭 줄어들고 있다. 주가도 2010년 2월 4600원으로 고점을 찍은 후 2013년 6월에는 1650까지 하락했다가 2014년 7월 21일 현재 2450원을 기록하고 있다.

　한국경제TV뿐만 아니라 모든 증권전문 방송사들이 지난 3년 동안 고전을 면치 못하고 있다. 2011년부터 2014년까지 코스피 지수는 박스권에서 맴돌고 있고 거래량도 줄었다. 증시가 불황이면 당장 증권사가 힘들어지고(그래서 구조조정이 이어지고 있다), 한 다리 건너에 있는 증권전문 방송사도 힘들어지는 게 당연하다.

　당장 돈을 많이 벌 기업은 아니다. 언론이 너무 돈벌이에 집착하는 것도 바람직하지 않다고 생각한다. 다만 나는 한국경제TV가 올바른 투자 문화와 경제관념을 전파해주길 바라는 마음에서 투자를 했다. 국내 최초이자 증권전문 방송 분야에서 1등인 방송사가 그 역할을 해준다면 '주식 투기'로 인해 불행해지는 사람보다 기업의 주인이 됨으로써 행복해지는 사람이 더 많아질 것이라고 믿었기 때문이다.

기업이 돈을 벌어야 배당도 주고 주가도 상승할 것 아니냐고, 올바른 투자 문화 전파가 투자 이유라니 무슨 뚱딴지같은 소리냐고 따질 수 있다. 물론 기업이니까 돈을 벌긴 해야 한다. 그런데 나는 기업과 투자를 생각하는 순서가 일반적인 투자자와는 다르다. 어떻게든 돈을 벌어야 한다고 생각하기보다는 우리 사회에 필요한 일을 하면 돈은 벌리게 될 것이라고 생각한다. 매매를 부추기는 방송이 아니라 주식투자의 본질을 알려주는 방송이라면 더 많은 시청자들이 찾게 되고 신뢰도 또한 높아질 것이다. 시청률 높은 방송이 어떻게 수익을 내는지는 여러분도 잘 알고 있을 것이다.

자산가치 대비 주가가 저평가되어 있고 곧 준공할 건물을 임대하면 안정적인 수익원도 확보가 된다. 이를 바탕으로 내가 생각하는 증권전문 방송 본연의 임무를 다하게 된다면 탄탄대로를 걸어가지 않을까 생각한다.

| 현대차 |

2007년 초 당시 달러당 1000원대였던 환율이 그 아래로 떨어지면서 수출 기업들이 고전을 면치 못하고 있었다. 현대차에서 인수한 기아차가 부도난다는 말까지 나왔다. 주가는 3만 원대로 급락했다. 나는 스스로 '한국에서 현대차가 망하면 어떻게 되지?'라는 질문을 던졌다. 결론은 '망하면 안 된다'는 것이었다.

그리고 2008년 금융위기가 터졌다. 나는 IMF 사태 때의 경험을 떠올렸다. 환율이 급등했고 정부의 친 기업 정책과 고환율 정책, 미국의 양적완화 정책으로 수출시장이 살아나기 시작했다. 정몽구 회장의 적극적인 미국 진출 전략도 매력적이었다. GM, 크라이슬러가 어려움에 봉착한 사이 현대기아차가 높은 평가를 받으면서 시장점유율을 올리고 있었다. 많은 돈을 길게 투자하지 못해서 아쉬움이 남는다.

| 호텔신라 |

한국을 대표하는 호텔이라는 점, 한식과 K-POP 등 거센 한류 열풍의 최대 수혜자라는 점, 새로 취임한 이부진 CEO의 역량이 기대된다는 점 등이 호텔신라에 투자한 직접적인 동기다. 한국의 국가 브랜드가 올라가고 문화상품의 수출이 지속된다면 '욘사마' 등 인기 연예인을 보러 우리나라에 들어오는 외국인들이 늘어날 것이고, 그들에게는 잠잘 곳이 필요할 것이다. 이것이 호텔신라에 주목하게 된 일차적인 이유였다.

하지만 무엇보다 내가 중요하게 여겼던 부분은 한식의 세계화와 CEO의 역량이었다. 호텔신라가 숙박업에 머물지 않고 우리의 음식 문화를 세계에 알리는 선도적인 역할을 해내지 않을까 하는 기대가 있었다. 이것이 내가 호텔신라의 동업자로서 생각하는 장기적인 수익 모델이었다. 그런데 아쉽게도 한식의 세계화에 대한 계획은 전혀 없다고 했다.

한편 2010년 당시 호텔신라는 인천공항 면세점 개점에 1700억 원이라는 대규모 투자 결정이 내려져 있었다. 단기적으로 수익성이 악화되겠지만 장기적인 성장세는 예측되었다. 자금 사정이 꼬이면서 아쉬움을 뒤로 하고 호텔신라를 매도했는데, 지금 호텔신라는 내가 예측했던 것보다 훨씬 더 빠르게 성장하고 있다.

6장

수 익 률 을
높 이 는
투 자 비 법

The best way to get more rate of return.

시간을 내 편으로 만들어라

　이미 주식시장을 경험한 투자 선배들 중에는 주식시장 근처에도 가지 말라고 충고하는 사람들이 있다. 여러분을 걱정하는 그들의 마음은 진심이다. 여차하면 도시락 싸들고 말릴 기세로 절대 주식 투자하지 말라고 한다. 그들에게 주식시장은 기관과 외국인 투자자, 그리고 대주주의 음모가 횡행하는 곳이다. 개인 투자자는 절대로 그들을 이길 수 없으며 그들의 먹잇감이 될 뿐이다. 그러면서 자신의 처절한 실패담을 들려주기도 할 것이다.

　만약 그런 선배가 있다면 왜 그 기업의 주식을 샀는지, 기업의 역사에 대한 공부는 얼마나 했는지 등을 물어보시라. 아마 제대로 답하지 못할 것이다. 기껏해야 "당시에는 좋았어. 추천하는 사람도 있었고"라거나 "대주주가 농간을 부렸다" 정도의 대답이 돌아올 것이다.

또 하나 해볼 수 있는 질문은 "투자한 이후에 무엇을 했는가"이다. 아마도 그는 '기업'이 아닌 '주식'과 서툰 연애를 했을 것이다. 주가가 오르면 열렬히 사랑하다가 하락하면 증오하는 '애증의 투자'를 하지 않았을까 생각한다.

개인 투자자가 기관, 외국인 투자자를 이길 수 없다는 그의 말은 맞다. 자본, 정보력, 인력을 비롯해 주식투자에 쏟을 수 있는 시간까지, 절대적으로 열세다. "개인 투자자는 절대로 그들을 이길 수 없는가"라고 묻는다면 내 대답은 "그렇다"이다. 그러나 "주식투자를 하지 말라는 말이냐"라고 묻는다면 "아니다"라고 할 것이다. 나는 다음의 질문으로 답을 대신하고 싶다.

"꼭 그들과 싸워야만 하는가?"

기관, 외국인 투자자와 싸운다는 생각은 기본적으로 주식투자를 수급으로 본다는 의미다. 여기에 빠져 있는 것은 주식의 본질인 기업이다.

매년 매출이 늘고 수익도 늘어가는 기업이 있다. 그런데 무슨 이유에서인지 외국인들이 자금을 회수하면서 주가가 급락한다고 하자. 그래도 기업의 수익은 줄어들지 않는다. 그러면 좋은 기업의 주식을 싸게 매수할 수 있는 기회가 된다. 반대로 적자를 면치 못하고 있고 앞으로도 전망이 불투명한 기업을 무슨 이유에서인지 누군가 대량 매수한다고 하자. 그러면 기업의 가치가 갑자기 올라가는가? 전업투자자로 일하고 있는 나도 외국인과 기관이 왜 사고 파는지, 그들의 자금 사정이 어떻게 돌아가는지 알지 못한다. 시간이 좀 지난 다음에야 이러저러한 이유로 국내에 자금이 유입되었구나, 라고 추정하는 정도다. 그나마 이것도 전체적인 그림일 뿐이고, 개별 기업의 어떤 면을 긍정적으로 봐서 매수했는지에 대한 이유는 시간이 지나도 알기가 어렵다.

무엇보다 기업에 대해 모르는 상태에서 수급에 흔들리면 작전세력의 먹잇감이 되기에 딱 좋다. 갑자기 매수세가 폭증할 때 뭔가 타당한 이유가 있을 수 있다. 일주일 내내 상한가를 갈 만큼 대형 호재가 있을 수도 있다. 그러나 내가 모르는 호재는 있어도 없는 것과 같다. (모두가 아는 호재 역시 마찬가지다.) 그것은 나의 기회가 아니다. 외국인, 기관, 작전세력의 수급을 이용해 돈을 벌겠다는 생각은 아예 하지 말아야 한다. 칼자루를 내주고 시작하는 싸움의 결과는 이미 정해져 있다.

「토끼와 거북이」라는 우화의 교훈은 잘났다고 자만하지 말라는 것, 그리고 느리더라도 꾸준히 노력하면 빠른 자를 이길 수 있다는 것이다. 나는 아이들이 이 우화를 읽는 것은 대단히 위험한 일이라고 생각한다. 인생은 단거리 경주도 아니고 단 한 번의 경기로 끝나지도 않는다. 한 번 잠을 잔 토끼는 다음에는 결승점에 도달할 때까지 절대로 잠을 자지 않을 것이고 더 나은 성과를 낼 것이다. 그리고 이보다 더 치명적인 문제는 애초에 거북이가 자신에게 불리한 이 경기를 승낙했다는 데 있다. 토끼가 약을 올리며 달리기 경주를 제안했을 때 거북이는 이렇게 대응했어야 한다.

"좋아! 그럼 내일 해변에서 만나. 저 앞에 보이는 섬까지 왕복하는 거야."

거북이의 다리는 뜀박질이 아니라 헤엄에 최적화되어 있다. 왜 짧고 굵은 다리로 달리기 경주를 하는가. 이는 개인 투자자들에게도 해당되는 이야기다. 왜 거대 자본과 비교도 할 수 없는 금액으로 수급이라는 경주를 하는가. 왜 최강의 정보력을 가진 그들과 정보력이라는 경주를 하려고 하는가.

개인 투자자들은 시간이라는 종목의 경주를 해야 한다. 이는 장기투자만을 의미하는 것은 아니다. 기관과 외국인(사실 말이 '외국인'이지, 세계인의 돈이 모인 '거대 자본'이다)은 팔아야 할 때가 있고 사야 할 때가 있다. 그러나 우리는 다르다. 마음에 드는 기업, 성장할 것이라는 확신이 드는 기업이 나타날 때까지 투자하지 않을 수 있다. 반대로 주가가 올라도 매도하지 않고 더 기다릴 수 있다. 평생 가지고 있다가 자식에게 유산으로 물려줄 수도 있다.

심리적인 차원에서 보면 '느긋함'이다. 도가 튼 느낌이라고 해도 좋을 것 같다. 기업을 꼼꼼하게 살피고 지켜본 다음에 투자해도 늦지 않다. 그러다가 언제 투자해서 언제 부자가 되느냐는 의구심이 들지도 모르겠다. 하지만 생각해보시라. 부실한 상장사들이 대부분이라면 대한민국 경제가 이 정도 수준을 유지할 수 있겠는가.

꼼꼼하게 살펴본 후 투자를 했다고 해서 끝나는 것은 아니다. 투자를 서툰 연애처럼 해서는 안 된다. '왜 더 사랑해주지 않느냐'라고 칭얼거리는 것이나, 일단 투자해놓고 '왜 주가가 상승하지 않느냐'라고 투덜거리는 것이나 미성숙하기는 마찬가지다. 사랑을 시작하는 것은 누구나 할 수 있지만 길게 지속하면서 그 깊이를 더해가는 사랑은 아무나 할 수 없다. 시작할 때보다 더 많은 정성을 쏟아야 가능하다. 투자도 그렇다. 기업의 주인이 된 다음에 관찰과 소통이라는 정성을 쏟아야 시간이 여러분의 편이 되어준다.

현란하게 오르내리는 시세는 여러분에게 지금 당장 경주를 시작하자고 유혹한다. 당신이 불리한 것은 맞지만 그래도 길고 짧은 건 대봐야 알고, 인생 모르는 거라고 유혹한다. 하지만 딱 봐도 짧은 건 굳이 대볼 필요가 없다. 인생 모르는 거라지만 의외의 결과가 나올 확률은 극히 낮다는 것을 역사가 증명한다. 그래서 '의외'인 것이다. 서두를 것 없다. 충분히 공부하면서 투자해도 기회는 얼마든지 있다. 내실 있는 기업이라고 생각해 공부를 하던 중에 시장이 기업의 가치를 인정해서 주가가 제 가치까지 상승해버릴 수도 있다. 그렇다고 헛된 시간을 보낸 건 아니다. 여러분의 실력이 상승했으니까 말이다.

●

주식투자는 치열한 노동이다

타인의 성공은 달콤해 보인다. 그가 누리고 있는 지위, 명성 그리고 부까지. 내가 저렇게 성공한 자리에 있다면 얼마나 좋을까,

하는 백일몽을 꾸기도 한다.

섬유가공 공장에서 일할 때 내가 꾸던 백일몽은 공장장이었다. 밖에 나가면 그저 늙수그레한 아저씨일 뿐인데 공장에 들어오면 달랐다. 기계가 멈춰 서면 마치 화타처럼 원인을 짚어내고 문제를 해결했다. 당시 나에게는 공장장이 이 세상에서 제일 멋진 직업이었다. 공장을 그만두고 대학에 가서도 생산관리, 원가회계 등을 공부했던 기억이 난다. 지금에 와서 생각해보면 그런 공부들은 공장장이라는 일의 극히 일부였다. 얼마나 오랜 세월 동안 화공약품 냄새를 견디면서 말 안 듣는 기계를 붙들고 씨름했을지는 생각하지 못했다.

매년 가을이 되면 방송에서 누렇게 익은 벼를 보여주면서 풍요의 계절을 운운한다. 그러나 시골에서 자란 나로서는 이른바 황금 들녘이 풍요로만 보이지 않는다. 시커멓게 그을린 얼굴이 보이고, 풀물이 들어 새까만 손톱 밑이 보이고, 손금보다 진하게 갈라진 거친 손바닥이 보인다. 그을린 얼굴, 새까만 손톱, 거친 손바닥의 주인이 황금 들녘이 주는 풍요로움의 진짜 주인이다. 그들만이 벼를 쓰다듬으면서 이것이 풍요라고 말할 자격이 있다.

초등학생들에게 여러분이 받는 월급은 정말 큰돈이다. 만약 그 또래의 조카가 "좋겠어요. 매달 그렇게 많은 돈을 쓸 수 있으니까"라고 말한다면 여러분은 어떻게 대꾸할까. 기가 막혀서 꿀밤이나 한 대 먹이고 돌아서지 않을까.

주식투자로 번 돈은 자주 불로소득으로 간주된다. 그들의 구분법에 따르면 나는 지난 10여 년 동안 일을 하지 않은 것이다. 여의도에 사무실도 있고 직원들도 있는데, 그렇다면 나와 직원들은 여기 모여서 도대체 무엇을 한 것일까. 현장탐방이랍시고 전국을 다녔는데 그곳에서 나는 무엇을 한 것일까. 새벽에 일어나서 세계 시황을 살피는 건 무엇이라고 불러야 할까. 눈은 자주 씀벅거리고 때로는 코피를 쏟기도 한다. 가장 궁금한 것은, 노동을 하지 않고 돈을 많이 벌 수 있는데 그들은 도대체 왜 주식투자를 하지 않는 것일까.

나는 사람들이 내 자산을 거론하면서 부럽다고 말하는 것을 좋아하지 않는다. 마치 운이 따라준 덕분에 가만히 앉아서 돈을 벌었다고 말하는 것 같다. 엎드려 절 받는 것 같아 머쓱하지만 내가 누군가를 부러워한다면(부러워하는 감정은 지극히 자연스러운 것이다) 그에게 할 말은 이것이다.

"여기까지 오기 위해 어떤 노력을 하셨어요?"

부럽다는 감정만으로 변화를 일으키기는 어렵다. 그가 어떤 길을 걸어왔는지 알아야 그것을 참고해 자신의 변화를 도모할 수 있다. 그리고 이 질문을 들은 사람도 자신의 고생을 알아준다는 느낌 때문에 최대한 많은 노하우를 알려주려고 할 것이다.

혹은 이런 질문도 가능하겠다.

"여기까지 오기 위해 무엇을 포기하셨어요?"

멋진 몸매를 가진 연예인들이 몸을 만들고 유지하기 위해 무엇을 포기하는지 생각해본 적이 있는가. 주어진 시간은 똑같다. 뭘

사랑은 누구나 시작할 수 있지만 길게 지속하면서
그 깊이를 더해가는 사랑은 아무나 할 수 없다.
시작할 때보다 더 많은 정성을 쏟아야 가능하다.
주식투자도 그렇다. 매수했다고 해서 끝난 것이 아니다.
기업의 주인이 된 다음에도 꾸준히 관찰하고 소통해야
성공적인 투자를 할 수 있다.

가 남들과 다른 성과를 내려면 그 시간을 다른 방식으로 써야 한
다. 친구와의 술자리든, TV 시청이든, 게임이든, 잠자는 시간이든,
기존에 하던 뭔가를 포기해야만 새로운 뭔가를 할 시간을 확보할
수 있다.

그의 성공은 그의 것이다. 함부로 부럽다고 말해서는 안 된다.
발레리나 강수진의 아름다운 동작을 보면 감탄이 절로 나온다.
그러나 동시에 그의 발도 떠올릴 수 있어야 한다.

시간은 개인 투자자의 절대무기이면서 가장 약한 고리이기도
하다. 시간을 절대무기로 활용하기 위해선 인내와 노력이 필요하
기 때문이다. 주식투자를 시작한 사람은 100만 원이 200만 원이
되고, 200만 원이 400만 원이 되는 상상을 한다. 하지만 발레리나
의 발을 떠올릴 줄 아는 투자자는 '만만치 않겠구나'라고 생각한
다. 자신의 시간을 인내와 노력으로 채우는 것은 여간 힘든 일이
아니다. 포기하고 싶을 때마다, '인생 뭐 있나. 그냥 즐기면서 살

자'라는 생각이 들 때마다 결단에 결단을 거듭해야 한다.

주식투자는 도깨비방망이가 아니다. 매수를 클릭하면 펑 하면서 순식간에 수익이 돌아오는 것이 아니다. 오히려 나무와 같다. 나무는 온종일 바라보고 있어도 성장하는 순간을 알아챌 수 없지만 열심히 거름을 주고 벌레를 잡아주다 보면 어느 순간 훌쩍 자라 있다. 투자 수익금은 불로소득이 아니다. 치열한 노동의 결과다. 여러분이 이 말을 반드시 기억해주길 바란다.

담대할 수 있는 금액으로 시작하라

나는 여러분이 주식시장을 어슬렁거리면서 그냥 용돈이나 벌어보겠다는 생각으로 투자를 하지는 않았으면 좋겠다. 그렇게 하는 투자는 용돈을 버는 게 아니라 누군가에게 용돈을 벌게 해줄 뿐이다. 용돈을 벌 수 있다고 해도 인생 전체로 보면 달라지는 것도 별로 없다. 괜히 신경만 쓰인다. 나는 여러분이 지금부터 인생을 바꿔 나가겠다는 각오로 주식투자를 했으면 한다. 가난한 인생, 빠듯한 인생을 풍족한 인생으로 바꿀 기회로 여겼으면 한다.

여러분의 인생이 바뀌려면 얼마의 자산이 있어야 할까? 얼마가 있으면 여러분의 인생이 가진 다양한 가능성에 눈을 뜨고 그것을 시험해볼 수 있을까? 5억 원이면 된다는 분도 있을 것이고 20억 원은 되어야 한다는 분도 있을 것이다. 내 경우에는 40억 원이 넘으면서 부자라는 생각이 들었던 것 같다. 기업의 역사를 공부하고 현장을 가고 기업 구성원들과 소통하느라 여전히 바빴지만 마음은 달라졌다. 살기 위해 일하다가 명분과 가치를 생각할 수 있는 여유가 생겼다. 그 여유가 나를 더 성숙하게 만들었던 것 같다.

지금 가지고 있는 종잣돈으로 여러분이 생각하는 부자의 기준을 채우려면 시간이 얼마나 걸릴지 계산해보자. 우선 연평균 수익률을 10%로 가정하자. 약 7년이면 원금의 두 배가 된다. 만족할 만한 액수인가? 대부분 종잣돈의 액수가 그렇게 많지는 않을 것이다. 그렇게 보면 참 더디다. 이렇게 불려서 언제 부자가 되나, 하는 생각도 든다.

이럴 때 사람들이 일반적으로 떠올리는 두 가지 선택지가 있다. 하나의 선택지는 수익률을 높게 잡는 것이다. 재작년쯤인가, 증권 방송을 보는데 전문가라는 사람이 나와서 놀라운 이야기를 했다.

"배치기(수익률 100%)를 네 번만 하면 원금의 16배가 된다."

정말 그렇다. 원금을 1000만 원으로 잡고 그의 계산이 얼마나 환상적인 것인지 보자. 1000만 원은 2000만 원이 되고, 2000만 원은 4000만 원이 되고, 4000만 원은 8000만 원이 되고, 8000만 원은 1억 6000만 원이 된다. 원금이 1억 원이었다면 16억 원이 된다. 그냥 암산으로 하는 것보다 이렇게 그 과정을 써놓으니 더욱 멋지게 보이지 않는가. 이제 부자가 되는 건 시간문제다. 머지않아 전 세계의 부를 손에 넣을 수 있다. 여기서 우리는 순박한 질문을 해볼 수 있다. 수익률을 왜 100%로 가정하지? 수익률 400%를 네 번 하면 원금 1000만 원이 25억 6000만 원이 되는데…….

전문가라는 사람이 방송에서 그런 이야기를 한다는 것도 놀랍고 그걸 듣는 사회자가 "아, 그렇군요" 하며 감동하는 것 역시 놀라웠다. 이런 사람들은 죽어도 주식투자만은 하지 말라는 사람들보다 더 위험하다. 역사상 누가 이런 수익을 올렸는지 궁금하다. 한두 번 이런 수익률을 올렸던 사람들도 결국에는 더 큰 손실을 보고 쓸쓸히 사라져갔음을, 주식시장의 역사가 증명한다. 워런 버핏의 수익률 20%대도 놀라운 일이라고 하는 마당에 '배치기 네 번에 16배' 운운하는 건 사기다.

수익률에 대한 과도한 욕심은 과도한 손실로 이어진다는 것을 알아야 한다. 시장의 수익률, 즉 코스피 또는 코스닥의 상승률만큼이면 양호한 편이다. 나는 지금도 그 정도의 수익률을 기대하면서 투자한다. 결과는 그보다 높았지만, 시장의 수익률을 기대하는 마음이 있었기 때문에 가능했던 일이다. 매일 흔들리는 주가에 내 마음을 뺏기지 않을 수 있었던 것이다.

많은 사람들이 떠올리는 또 하나의 선택지는 투자금을 올리는 것이다. 여러분 주위에 넘쳐나고 있을 실패의 전형적인 사례가 있다. 이 사례들은 믿을 만한 사람, 주식투자로 돈 좀 벌었다는 사람의 권유로 시작된다. 아직 투자 경험이 없는 사람은 피 같은 돈을 날릴까 봐 두렵다. 그래서 소액을 투자한다. 그런데 생각보다 많은 수익이 단기간에 돌아온다. 편의상 100만 원을 투자해 30%의 수익을 얻었다고 하자. 수익률 30%는 대단하지만 현금 30만 원은 큰돈이 아니다.

"아, 1000만 원을 투자했더라면……."

이런 아쉬움이 드는 것이 인지상정이다. 자신의 소심함을 탓할지도 모르겠다. 이때 아쉬움이 컸다면 이후 믿을 만한 사람이 다시 투자를 권유할 때 직접 계좌를 개설하고 투자금을 대폭 올릴 것이다. 적금을 깰지도 모른다.

투자 손실이 발생하는 시기가 늦게 올수록 더 큰 위험에 노출된다. 점점 더 오만해질 것이기 때문이다. 대출까지 받아 투자했다가 원금을 다 까먹고 빚만 남는 경우도 너무나 많다.

나는 다소 속도가 느리더라도 당분간은 적금을 붓듯이 매달 일정 금액을 투자하는 방식을 권한다. 이렇게 투자하면 손실이 나도 당장 생활이 어려워지지는 않는다. 그렇게 매달 꾸준히 투자를 해 나가다 보면 수익의 기쁨도 알게 되고 손실의 쓸쓸함도 알게 된다. 기사 하나 때문에 오전에는 상한가까지 갔던 주가가 오후에는 제자리로 돌아왔을 때의 허탈함도 알게 되고, 수급 때문에 뚝뚝 떨어지던 주가가 몇 달 만에 제자리를 찾고 이후에 조금씩 올라갈 때의 안도감도 알게 된다. 열심히 공부하고 소통하면서 투자해온 기업의 주식을 목표가에서 매도했을 때는 자신감이 생기고, 미처 조사하지 못한 사실 때문에 주가가 떨어져 손실을 보고 매도할 때는 시장의 무서움도 알게 된다.

주가가 출렁일 때마다 함께 출렁대는 온갖 감정을 다 경험하고 난 뒤에, 자기 속에서 일어나는 감정들을 한 발 떨어져 객관적으로 볼 수 있을 때 투자금을 늘려도 늦지 않다. 심리적, 경제적 타격이 큰 액수의 돈을 투자했을 때 실패하기 쉬운 이유가 여기에 있다. 담담하고 냉정하게 판단해야 하는데 감정적으로 흔들리니까 그 무엇도 제대로 볼 수가 없는 것이다.

계속 강조하지만, 주식투자자를 실패하게 만드는 대표적인 감정이 탐욕과 공포다. 탐욕에 흔들리면 보고 싶은 것만 보인다. 부정적인 요인은 보이지 않고 오로지 긍정적인 뉴스만 눈에 들어온다. 반대로 공포에 질리면 큰 그림은 보지 못하고 주가가 떨어지고 있는 것만 보인다. 영원히 하락할 것만 같다. 결국 공포가 주는 피로감을 견디지 못하고 헐값에 매도해버린다.

평화로운 시기에 평화로운 마음을 유지하는 것은 누구나 할 수 있다. 폭풍우가 치는 주식시장에서 담대한 마음을 유지하는 사람이 진정한 고수이며, 그들이 주식투자에 성공한다.

겸손하라. 시장은 만만치 않다. 조급해하지 마라. 기회는 얼마든지 있다. 스파링을 충분히 하고 링에 올라가도 누구도 뭐라고 하지 않는다. 느리게 가는 길이 오히려 빠른 길임을 알아야 한다.

●

행복한 투자자가 돼라

나는 부자가 되는 방법으로 주식투자를 제안하고, 제대로 투자하는 법을 이야기하고 있다. 그리고 이미 주식시장에 발을 들여놓은 분들에게는 투기의 세계에서 투자의 세계로 옮겨올 것을 권유하고 있다. 여기에는 한 가지 대전제가 깔려 있다. 바로 여러분의 생업이 최우선 순위가 되어야 한다는 것이다. 이미 주식투자를 하고 있는 분들 중에는 뜨끔한 분들도 없지 않을 것이다. 많은 직장인 투자자들이 시세를 수시로 확인하느라 업무에 집중하지 못한다고 한다. 상승하면 상승하는 대로, 하락하면 하락하는 대로 감정의 파도에 이리저리 쓸려 다니면서 시간을 낭비한다.

엄청난 비밀을 하나 알려주자면, 최고의 집중력을 발휘해 주가 창을 바라본다 해도 주가에 영향을 미칠 수 없다는 것이다. 목표 주가에 다가가고 있다면 원하는 가격에 내놓고 업무에 집중하면 된다. 과도하게 하락할 때는 매수 주문을 내놓고 업무에 집중하면 된다. 업무시간에 수시로 시세를 확인하는 행동은 일과 투자를 동시에 망가뜨리는 길이다. 마음이 달싹달싹하니 투자에 대한 판단도 제대로 내릴 수 없고 업무의 능률도 오르지 않는다. 결국 아무런 결과도 내지 못한 하루가 그냥 지나가는 것이다.

아직 투자를 하지 않은 분들은 회사에서 시세를 힐끔거리는 동료를 보면서, 커피 타임만 되면 주식 이야기를 하는 동료들을 보면서 한심하다고 생각할지 모른다. 그러나 주가의 등락에 관계없이 담담하게 업무에 집중하기란 만만치 않은 일이다. 그것을 알기에 나도 누누이 담대한 마음을 강조하는 것이다.

여러분은 주식투자를 통해 부자가 되려 한다. 부자가 되려는 이

나는 적금을 붓듯이 매달 일정 금액을 투자하는 방식을 권한다.
이렇게 투자하면 속도는 다소 느릴지라도 치명적인 손실을 피하면서
다양한 경험을 쌓을 수 있다. 온갖 감정을 다 경험해보고
담대한 마음을 가질 수 있을 때 투자금을 늘려도 늦지 않다.
조급해하지 마라. 기회는 얼마든지 있다.

유는 행복해지기 위해서다. 결국 행복한 부자가 되기 위해 투자를 하는 것인데, 힐끔거리는 투자는 반대의 길로 여러분을 안내한다. 회사에서 일을 하는지 투자(정확한 표현은 투기다)를 하는지 모를 생활을 이어가다가 정신이 피폐해지는 사례는 부지기수다. 심한 경우, 상사의 주의를 받고도 정신을 못 차리는 바람에 커리어에 손상이 가는 사태도 발생한다. 오히려 자신의 일에 집중하며 업무에 필요한 것 이상의 지식을 쌓는다면 거기에서 투자의 기회를 발견하게 될지도 모른다. 생판 모르는 사업을 하는 기업에 투자하는 것보다는 잘 아는 쪽에 투자하는 것이 성공 확률이 높을 테니까 말이다.

부자가 되는 길은 어렵다. 물려받은 재산이 없는 사람이 부자가 되려면 훨씬 더 많은 노력을 해야 한다. 주식투자는 분명 여러분을 부자로 만들어줄 방법이지만 공짜로 되지는 않는다. 회사 일에 쏟을 에너지를 쪼개서 주식투자를 하는 게 아니라 새로운 에너지를 끌어내야 한다. TV 보던 시간에 경제 관련 책을 읽고, 멍하니 왔다 갔다 하던 지하철에서 경제신문 보는 노력을 해야 한다. 수

익은 이런 노력들이 쌓인 결과로 나오는 것이지, 주가 창을 노려본다고 되는 것이 아니다.

개인 투자자들은 1년 동안 자기자본의 300~400%에 해당하는 회전률을 보인다고 한다. 투자금이 100만 원이라면 거래한 금액이 그 액수의 서너 배가 된다는 것이다. 반면 기관과 외국인 투자자의 회전률은 훨씬 낮은 것으로 알려져 있다. 따로 통계를 내보지 않아서 정확히는 모르겠지만 나의 회전률은 기관과 외국인보다 더 낮을 것이다. 내가 제안하는 투자법의 장점은 수시로 시세를 확인하지 않아도 된다는 것이다. 점심시간이나 퇴근 후에 뉴스나 공시만 확인하면 된다. 그러면서 업종에 대해 공부하고, 가능하다면 1년에 한 번은 월차를 내서 주주총회에 참석해보는 것도 좋다.

주가가 어떻게 되고 있는지 궁금해서 도저히 참을 수 없다면, 스스로 통제가 안 되어서 업무에 지속적으로 지장을 준다면 과감하게 주식투자를 접는 것이 좋다. 투자금도 잃고 커리어에도 문제가 발생할 것이기 때문이다.

내 몫이 아닌 기회는 독이다

주식투자를 처음 시작하면 HTS에 등록한 관심 종목의 숫자가 급격히 늘어나는 경험을 하게 될 것이다. 이미 투자를 시작한 분들이라면 관심 종목이 몇 개나 되는지 확인해보시라. (참고로 전업투자자인 나의 관심 종목은 약 30개다.)

주식투자를 시작한 이상 투자한 기업 이외의 종목에도 관심이 가는 것은 당연한 일이다. 신문만 봐도, HTS를 잠시 살펴만 봐도, 포털사이트에 접속만 해도 관심을 유도하는 종목들이 보인다. 상한가를 기록한 종목이 보이고, 정책의 수혜를 입은 기업도 보이고, 기관 혹은 외국인 투자자들이 일주일째 매수하고 있다는 종목도 보인다. 직장 동료가 투자했다는 종목, 친구가 추천해준 종목 역시 빼놓을 수 없다. 이러저러한 이유로 등록을 하다 보면 어느새 꽤 많은 관심 종목이 생긴다.

관심을 가지는 것 자체가 잘못이라고 할 수는 없다. 그러나 여기서 한 발만 잘못 디디면 '어쩜 이렇게 바보 같을 수 있을까'라며 혀를 찼던 전형적인 실패의 길에 합류하게 된다.

예를 들어 어떤 기업과 관련된 뉴스가 나왔다고 하자. 기업의 성장에 꽤 긍정적인 영향을 미칠 것 같은 소식이다. 이 뉴스가 주가에 어떻게 반영될지 궁금해서 관심 종목에 등록하고 주가의 흐름을 예의 주시한다. 주가에 변화가 없거나 오히려 소폭 하락한다면 여러분은 어떻게 생각하겠는가? 고개를 갸웃거리다가 아직은 자신의 공부가 부족하다고 결론 내릴 것이다. 그런데 소폭이나마 상승한다면?

'역시 내 생각이 맞았어. 뉴스를 보자마자 매수했어야 했는데 기회를 놓쳤어. 지금이라도 들어가야 하는 게 아닐까? 현재 보유하고 있는 종목은 특별한 뉴스가 없으니 한동안은 지지부진한 흐름을 보일 거야. 그렇다면 호재가 있는 종목을 사서 약간의 수익을 내고 다시 현재 보유 종목을 매수하는 게 현명한 투자가 아닐까?'

보유 종목의 주가가 평화로울수록 이런 유혹은 더욱 강해진다. 만약 여러분이 유혹을 이기지 못하고 종목을 갈아탔다면 약간의 손실을 보는 것이 장기적으로는 이익이다. 몇 차례 이런 식의 갈아타기에 성공한다면 '농사짓듯이 투자한다' '기업과 동행한다' '기업의 본질을 본다' 등 주식투자의 본질과는 동떨어진 길을 가게 될 가능성이 높다. 결코 성공할 수 없는 방식임이 증명되고 또 증명된 단기투자자가 되는 것이다.

실제로 기업의 성장에 결정적인 영향을 미치는 뉴스들도 있다. 며칠씩 상한가를 기록하고 그 이후에도 꾸준히 주가가 상승하는 경우도 없지 않다. 그러나 반대의 경우도 얼마든지 있다. 뉴스가 나오고 상한가까지 갔다가 하루 만에 슬금슬금 제자리로 돌아오기도 한다. 거액의 납품 계약을 했다는 공시가 났는데 알고 보니 출혈경쟁이 심해 이익은커녕 손해만 나는 경우도 있다. 당연히 주가는 풀쩍 뛰었다가 종전보다 더 하락한다.

나는 여러분이 투자를 하면서 '모른다'라는 말을 입에 달고 살았으면 한다. 내가 강연회에서 질문을 받을 때 자주 하는 말이기도 하다. 강연이 끝나면 꼭 따라와서 특정 종목의 전망을 물어보는 분들이 있다. 내가 투자한 종목이면 대답을 해드릴 수 있는데 그게 아니면 삼성전자, 현대자동차 등 세간에 잘 알려진 종목이라도 나는 모른다고 대답한다.

뉴스를 읽었다고 해서 그 뉴스의 의미를 아는 것은 아니다. 어떤 건설회사가 1000억 원짜리 공사를 수주했다고 하자. 호재라고 생각하는가? 정답은 '아직은 모른다'이다. 1000억 원이 그 회사의 연간 매출에서 차지하는 비중은 얼마인가? 공사 규모와 비교했을 때 수주 가격은 적당한가? 달리 말해 그 공사로 벌어들일 수 있는 수익은 얼마인가? 공시가 나기 전에 정보가 흘러나왔다면 새로운 수주가 주가에 얼마나 반영되었는지도 알아야 한다. 간단하게만 생각해도 고려해야 할 요소들이 이 정도다. 그런데 기업에서 배포한 보도자료나 공시자료만 보고 쓰는 언론의 뉴스를 보고 호재다, 아니다를 판단할 수 있다면 초능력자임에 분명하다.

건설업종의 성격을 꿰고 있고 해당 기업의 상황과 시공 능력 등을 샅샅이 공부한 사람이 '1000억 원 수주'라는 공시를 보았다면 단번에 그 가치를 파악할 것이다. 그리고 주가의 흐름을 보지 않고 투자금을 늘리거나 투자를 철회할 것이다. 주가의 흐름을 참고한다는 것은 뉴스의 가치를 모른다는 의미다. 이미 세상에 알려진 뉴스는 그 자체로는 가치 있는 정보가 아니다. 전체 판을 읽고 그 판도 내에서 어떤 변화를 일으키는지 읽을 수 있어야 뉴스의 의미를 안다고 말할 수 있다.

여러분이 어떤 종목에 투자하고 있는 동안, 혹은 투자금을 마련해 기업을 고르고 있을 때 관심을 가져야 마땅할 것 같은 종목들이 지속적으로 나타날 것이다. 그러나 그곳에 마음을 빼앗기지 말고 자신이 공부하고 있는 기업에 더 많은 시간을 투자하는 것이 좋다. 관심 종목 전체를 공부하지는 못한다. 전체를 다 공부하려고 욕심을 내다 보면 한두 가지 정보를 가지고 주가의 향방을 예측하게 되는데, 그것은 그냥 감으로 홀짝을 맞추는 것과 다르지 않다.

주식시장에는 '기막힌 기회'가 참 많다. 망설이다가 타이밍을 놓치지만 않았어도 단기간에 수십 %의 수익을 가져다주었을 종목들이다. 그러나 그 모든 기회는 독이다. 준비되지 않은 상태에서 맞이하는 기회는 모두 달콤한 독일 뿐이다. 마음에 살랑살랑 바람이 불 때마다 스스로에게 질문을 해보라.

'나는 저 기업과 업종에 대한 내용을 꿰고 있는가?'

자신 있게 '그렇다'라는 대답이 나오지 않으면 그냥 흘러가게 내버려두어야 한다. 투자의 세계에서 운은 반드시 칼이 되어 돌아온다. 오만한 투자자에게는 대가를 치르게 하는 곳이 바로 주식시장이다.

●
기회를 탐하지 말고 동업자를 구하라

주식투자를 하지 않는 사람도 실패하는 투자자들의 특징을 알고 있다. 뇌동매매, 단기투자, 몰빵, 신용매수 등이 그것이다. 방송이나 신문에서 이런 방식으로 투자를 하다가 전 재산을 날린 사례를 보면서 여러분 중 몇몇은 한심하기 짝이 없는 사람들이라며 혀를 찼을 수 있다. 어쩌면 이런 생각을 했을지도 모르겠다.

'그들은 본래부터 어리석은 사람들이었음이 분명하다. 그렇지 않고서야 교과서적인 실패 사례를 답습할 리 없다.'

정말 실패한 개인 투자자들은 본래부터 어리석은 사람들이었을까? 어리석은 사람들이 어리석은 행태로 투자를 해서 한심한 결과에 이른 것일까? 그들은 직장인, 자영업자, 공무원 등 우리가 주위에서 늘 보는 평범한 사람들이었다. 직장 후배에게 따끔한 충고도 할 줄 아는 과장님이었고, 손님이 점점 늘고 있는 식당의 사장님이었고, 엄청난 경쟁률을 뚫고 공무원 시험에 합격한 똑똑한 젊은이였다. 특별히 현명한 사람도 아니었지만, 그렇다고 특별히 어리석은 사람도 아니었다. 다만 주식투자를 하면서 어리석어졌을 뿐이다.

어리석음을 유발하는 근본 원인은 탐욕이다. 부자가 되고자 하는 마음은 탐욕이 아니다. 그에 상응하는 노력을 하지 않고 부자가 되려는 마음이 탐욕이다. 실패한 투자자들에게는 투자라는 행위에 반드시 포함되어야 하는 노력은 하지 않았다는 공통점이 있다. 남 따라 장에 가는 뇌동매매는 자기 기준이 생길 만큼 공부하지 않은 것이고, 단기투자는 투자금이 이윤을 창출하는 시간을 기다리지 못한 것이다. 몰빵과 신용매수 역시 '위험요소는 언제, 어디에나 있다'라는 투자의 기본을 무시하고 한 번에 많은 수익을 내려고 한 탐욕이다.

이 탐욕의 여러 얼굴들을 자세히 봐두기 바란다. 여러분이 곧 대면할 얼굴들이다. 급등하는 관심 종목의 주가를 보면서도 매수의 유혹을 느끼지 않을 때까지는 탐욕의 얼굴을 보고 살아야 한다. 여기서는 대표적인 얼굴들만 열거했지만 상상하기 힘들 만큼 많은 얼굴을 가진 것이 탐욕이다. 언제나 그렇듯 탐욕의 속삭임은 달콤하다. 게다가 설득력도 있다. 이 유혹에 넘어가면 한때 총명했던 사람도 답답할 만큼 어리석은 사람이 되어버린다. 여러분이 수행이 깊은 성직자가 아니라면 반드시 유혹의 경계에 서는 때가 온다. '나는 아니다'라며 자만하지 말고 '나는 어떻게, 얼마나 많이 흔들리게 될까?'를 생각하며 대비해야 한다.

내가 생각하는 주식투자는 '사업을 잘할 사람에게 돈을 빌려주고 일정한 시간이 지난 뒤에 성과를 내면 그것을 공유하는 것'이다. 여기서 '일정한 시간'이란 3~4년을 말한다. 너무 긴 기간이라고 생각하는가? 들썩거리기 시작한 종목에 잘만 들어가면 며칠 사이에 은행 이자만큼 벌 수 있는데 몇 년이라니. 그렇게 긴 기간을 기다리고도 '겨우' 시장 수익률 정도만 본다니, 너무 소박하고 답답한 길인 것처럼 보이기도 할 것이다. 뭔가 다른 방법이 있지 않을까? 좀 더 빠르게 수익을 낼 수 있는 방법은 없을까?

있다. 지금 포털사이트에 주식과 관련된 단어들을 검색해보시라. 참으로 다양한 투자 방법이 나올 것이다. 그중에는 단기간에 원금을 몇 배로 불려준다는 투자법도 있다. 그 투자법을 개발한 사람들의 스토리는 크게 다르지 않다. 돈 좀 벌어볼 생각으로 주식시장에 뛰어들었고, 처음에는 수익을 꽤 냈지만 욕심을 내는 바람에 빈털터리가 되었다. 절치부심하며 무엇이 문제였는지 연구한 그들은 자신만의 독특한 투자법을 개발했고, 그 비법으로 몇 년 만에 엄청난 자산가가 되었다.

정말 단기간에, 그것도 확실하게 수백 %의 수익을 낼 수 있는 방법이 있다면 나도 배우고 싶다. 그 방법들을 자세히 보지는 않았지만 사실과 다르다는 것은 쉽게 알 수 있다. 왜냐하면 아직 그 사람이 세계 금융의 지배자라는 뉴스를 보지 못했기 때문이다. 100% 수익을 '열 번만' 내면 원금이 500배 이상 불어난다. 이 상태에서 한 번 더 100% 수익을 내면 원금의 1000배가 된다. 이런 식

주식시장에는 '기막힌 기회'가 참 많다.
그러나 그곳에 마음을 빼앗기지 말고
자신이 공부하고 있는 기업에 더 많은 시간을 투자해야 한다.
운보다 노력을 믿어야 하는 것이다.
주식투자에서 운은 장기적으로 보면 반드시 칼이 되어 돌아온다.
자신의 몫이 아닌 기회는 모두 달콤한 독일 뿐이다.

이면 그가 세계 경제의 지배자가 되지 못할 이유가 없다. 이처럼 허황된 기법을 누가 믿겠냐고 하겠지만 탐욕의 눈으로 보면 믿지 못할 것이 없다. 인간이 탐욕을 다스리는 능력은 튤립 한 뿌리가 집 한 채 값에 맞먹었던 때와 비교해 별로 나아지지 않았다.

들썩이는 종목이 유혹하면 몇 번 들썩이다가 몇 주 사이에 반토막 나고 몇 개월 사이에 상장폐지된 사례들을 보라. 100억 원을 벌었어도 단 한 번의 실패로 제로가 되어버린다.

나는 여러분이 평생 기업에 투자하면서 그 성장의 과실을 공유하길 바란다. 목표는 부자가 되는 것이고, 부자가 되는 것의 목적은 행복이다. 홀짝 게임을 하듯 '짜릿하게' 투자를 한다면 행복한 부자는 영영 되지 못한다. 행복한 부자는커녕 원금 손실의 쓸쓸함만 남게 된다.

마음이 무너지면 지극히 당연한 사실도 보이지 않는다. 조금만 올라도 팔고 싶고 조금만 내려도 불안하다면, 그래서 주가 창에서 눈을 뗄 수 없다면 기업의 성장 여부를 떠나 여러분은 도박판에 있는 것이다. 농부는 다른 사람의 밭을 탐하지 않는다. 모든 기회를 다 잡을 수는 없다. 여러분 몫의 기회만 잡아도 충분히 부자가 될 수 있다. 기회를 탐하지 말고 동업자를 구하라. 동업자와 동행하는 동안 여러분만의 탄탄한 기회를 발견하게 될 것이다.

답은 현장에 있다

주주와의 불통이 경영방침쯤 되는 기업을 빼면(이런 기업에는 어지간하면 투자를 이어가지 않지만) 나는 주식 담당자는 물론이고 경영자까지 만날 수 있다. 연구소가 있는 기업인 경우에는 연구원들에게 기술의 원리에 대한 설명도 듣는다. 직원 식당에서 밥을 먹고, 휴게실에서 임원과 담소를 나누기도 한다. 오래 머물기 때문에 당연히 화장실에도 간다. 그 사이사이에 직원들이 일하는 모습도 본다.

내가 경영자나 임원을 만나면 이들에게 아직 공개되지 않은 정보를 요구할 것이라고 오해하는 분들이 없지 않다. 말을 안 해서 그렇지 '슈퍼 개미'쯤 되면 경영진과 내통하면서 비밀스러운 정보들을 미리 취득할 것이라고 생각한다. 우선 미공개 정보를 이용한 투자는 불법이라는 점을 미리 강조해두겠다. 그리고 나는 불공정한 방법을 쓴 적이 없다. 증거를 대라고 한다면 3~4년 이상인 평균 투자기간을 내놓겠다. 미공개 정보를 미리 알 수 있는데 몇 년씩 투자할 필요가 있겠는가? 굳이 시간과 에너지를 써가며 발품을 팔 필요가 있겠는가?

미공개 정보를 따로 얻는 것도 아닌데 왜 나는 현장에 가고, 가서 무엇을 얻는가. 문자로 변환되지 않는 정보, 공개하려고 해도 공개할 수 없는 정보, 날것 그대로의 정보를 수집하기 위해 현장에 간다. 내가 주식 담당자를 만나 이렇게 질문한다고 해보자.

"올해 전망은 어때요?"

전망은 공시에도 나온다. 그러나 이는 주식 담당자 외에도 여러 사람의 손을 거친, 올해의 전망에 대한 기업의 공식적인 입장이다. 올해는 모든 것이 다 좋다는 공시는 본 적이 없다. 늘 부정적인 요인을 말해두고, '그럼에도 불구하고 긍정적인 요인이 있으며 이를 통해 우리 회사는 발전할 것이다'라는 식으로 전개된다.

주주들에게 회사의 공식적인 입장을 전달하는 것이 주식 담당자의 업무다. 따라서 회사의 입장과 다른 개인적인 생각은 이야기할 수 없다. 그런데 왜 굳이 '일개' 주식 담당자에게 기업의 전망을 물어보는가. 말투와 눈빛을 통해 그가 회사의 전망을 믿고 있는지, 아니면 회사의 입장을 반복하고 있을 뿐인지 알 수 있기 때문이다. 복도에서 마주치는 직원들을 통해 회사의 분위기를 읽을 수도 있고, 밥 먹는 직원들의 표정도 볼 수 있다. 이처럼 몸으로 느낄 수 있는 정보를 얻기 위해 기업을 방문하는 것이다.

기업 내부만이 현장은 아니다. 회사 주변, 회사가 소유한 부동산과 그 주변 역시 현장이다. 사람이 사는 곳이면 어디든 정보가 모이고 다시 퍼지는 거점이 있다. 시골의 경우 정자나무 아래나 노인정이 그런 곳이다. 이외에도 동네 슈퍼마켓, 부동산 중개업소, 미용실, 식당, 절 등에서 여러분의 자산을 불려줄 정보를 만날 수도 있다.

절에서도 정보를 얻는다는 건 조금 의아하게 느껴질 것이다. 전국에서 불자가 찾아오는 유명 사찰은 일단 제외된다. 인근에 사는 사람들만 이용하는 자그마한 사찰이 그 대상이다. 그런 절의 주지스님은 어느 집의 시어머니가 며느리 때문에 속을 끓이고 있는지 안다. 상담사로서의 역할도 하기 때문이다.

식당에 가서는 이렇게 물어볼 수 있겠다.

"저건 뭐 만드는 공장이에요?"

입심 좋고 오지랖 넓은 식당 주인을 만나면 최근에 선을 본 노총각 직원의 애환을 들을지도 모른다.

소비자와 직접 만나는 제품을 생산하는 기업이라면 마트, 백화점 등에서 소비자들의 반응도 볼 수 있다. 매장 직원은 어떤 브랜드를 추천하는가. 그 기업의 상품이 소비자들의 눈에 잘 띄는 곳에 진열되어 있는가. 가격과 디자인 등에서 경쟁사에 뒤지지 않는가. 현장에서 할 수 있는 일은 수없이 많다.

핸드폰만 열면 전 세계의 공개된 정보가 내 손안에 들어온다. 언어의 장벽이 없다면 중동의 한 개인이 만들어내는 정보도 손에 넣을 수 있다. 기업의 이름을 검색창에 넣고 엔터 키를 치면 공식적인 자료뿐 아니라 개인이 작성한 글까지 모조리 나타난다. 스트리트 뷰를 이용하면 어느 골목에 미용실이 몇 개나 있는지도 알 수 있는 세상이다.

그런데 왜 굳이 돈과 시간을 들여 현장에 가야 할까? 몸으로 느낄 수 있는 정보가 있다고 해도 그것이 투자에 얼마나 도움이 될까. 편리하고 신속하게 정보를 얻을 수 있는데 힘들고 느리게 정보를 얻는 방법을 택할 필요가 있을까? 그 시간에 다른 공부를 하는 게 더 낫지 않을까?

이미 이렇게 생각하는 분도 있을 것 같고, 지금은 아니지만 나중에 현장에 가는 것이 힘들어지면 이와 같은 핑계를 대는 분들도 있을 것 같다. 그런 분이라면 책을 잘못 선택했다. 웹서핑으로 얻은 정보로만 투자하는 방법은 나도 모른다. 그래서 주식시장에 발을 들여놓은 지 20년이 넘은 지금까지 현장에 가서 피곤하게, 비효율적으로, 느리게 정보를 찾고 있는 것이다. 출퇴근할 때는 부족한 잠을 보충해야 하고, 퇴근 후에는 친구를 만나거나 드라마를 봐야 하고, 주말에는 체력 보충을 하거나 놀러 다녀야 한다면 어쩔 수 없다. 어쩌다 남는 시간에 웹서핑해서 얻은 정보를 근거로 투자를 하겠다면 내가 해줄 수 있는 말은 없다. 되도록 적은 손실을 입고 그만두기를 바랄밖에.

다만 한 가지는 말할 수 있겠다. 주방과 홀에 각각 한 명씩 일하는 식당을 개업할 때도 반드시 현장에 가본다. 스트리트 뷰로

거리를 보고 동사무소 홈페이지에서 그 지역의 인구를 조사하고 등기부등본만 열람한 채로 개업하지는 않는다. 유동인구가 얼마나 되는지, 그중에서 점심, 저녁을 사 먹을 실질적인 고객은 얼마나 되는지, 비슷한 음식을 파는 다른 식당의 손님은 얼마나 되는지 조사한다. 식당을 해보지 않아서 모르겠지만 이외에도 현장에서 조사해야 할 정보는 엄청나게 많을 것이다. 그런데 기업이다. 수백, 수천 명이 근무하고, 자본의 규모도 식당과는 비교할 수 없을 만큼 크다. 그런 기업을 서류로만 알 수 있다고 생각하는 것 자체가 난센스 아닐까.

●

대단하거나 지독하거나

드디어 여러분이 어떤 기업의 주주가 되었다고 가정해보자. 월차를 내서 큰마음 먹고 주주총회에 간다. 설레고 어색하다. 평생 산골에 살다가 상경한 사람처럼 어리둥절하다. 처음 보는 주주들, 어쩌면 게시판에 열심히 글을 올리던 사람이 그 자리에 있을지도 모른다. 여러분이 그동안 기업의 주가를 꼼꼼하게 체크해오지 않았다 해도 주주총회에서 사람들의 얼굴을 보면 주가의 향방을 짐작할 수 있을 것이다. 지금까지 잘해왔으니 앞으로도 잘해달라는 분위기일 수도, 경영자에게 삿대질이라도 한번 하고 가야 속이 풀리겠다는 분위기일 수도 있다. 분위기가 좋으면 금방 끝날 것이고, 아니면 길어진다. 소리 높여 울분을 토해내는 사람도 있다. 이에 대한 회사 측의 반응도 볼 수 있다.

주주총회의 분위기가 좋지 않다. 주주들은 단단히 화가 나 있고, 경영자가 나서서 열심히 무언가를 설명하지만 사람들은 설득이 안 된다. 처음에는 긴장감 있던 고성도 나중에는 지루해진다. 이후 주주총회에 다녀온 소감을 묻는 지인에게 여러분은 이렇게 말한다.

"몰라. 싸움 구경만 하고 왔지, 뭐. 무슨 말들을 하는지 잘 알아듣지도 못하겠고, 괜히 갔다 싶어. 나 같은 개미가 낄 자리가 아니었던 것 같아. 공부를 좀 더 한 다음에 가야 할까 봐."

일식집에서 한 달 일한 사람이 주방장을 따라 노량진 수산시장에 다녀온 뒤 이렇게 말하면 어떨까.

"주방장이 어떤 건 좋다고 하고 어떤 건 나쁘다고 하는데 나는 모르겠더라고. 책에서는 분명히 좋은 생선이라고 했던 건데 주방장은 아니래. 상인이랑 이야기하는 걸 들어도 무슨 말인지 잘 모르겠어. 괜히 새벽잠만 설쳤지 뭐야. 그 시간에 일어나서 책이나 좀 더 보려고."

초보의 눈에는 보이지 않는 것을 보니까 주방장이다. 선수끼리 이야기하는데 구구절절 설명은 필요 없다. 척하면 척하고 알아듣는다. 시장보다 책을 선택한다면 평생 주방장이 되지 못할 것이다. 주주총회에 나온 임원과 논쟁을 벌이던 그 주주는 얼마나 많은 공부를 하고 얼마나 많은 주주총회에 참가했겠는가.

처음 주주총회에 갔는데 회사가 돌아가는 판세가 보이고, 처음 주식 담당자와 통화했는데 그의 속내가 읽히는 일은 없다. 부동산 중개업소에 다녀본 적 없는 사람이 어떻게 기업이 소유한 토지의 가치를 알아보는 질문을 던질 수 있겠는가.

자수성가한 사람들의 과거를 보라. "이 정도밖에 노력을 안 했는데 성공했어?"라고 말할 수 있는 경우가 있던가? "이렇게까지 했어? 정말 대단하고 독하다"라는 말이 나오는 게 대부분이다.

첫술에 배부를 리 없다. 우물가에서 숭늉이 나올 리 없다. 현장에 나가는 것이 익숙해져야 여유가 생기고, 여유가 생겨야 미처 보지 못했던 것들도 볼 수 있다. 또 현장에 나가서 다양한 경험을 해봐야 모르는 것이 무엇인지도 알게 된다. 호기롭게 주식 담당자에게 전화를 걸었는데 한두 마디 던지고 나니 질문할 거리가 없어 당황해봐야 아직 부족하다는 것을 알게 된다.

여러분은 부자가 되기 위해 투자를 하려고 한다. 근무시간 외에는 편안하게 지내고 싶어서 투자를 하는 것이 아니다. 고생은 예정되어 있다. 부자가 되기로 한 이상 '정말 대단한, 그렇게까지 지독하게' 고생할 각오를 한 것이다.

장기투자는 없다

3년 넘게 모은 돈으로 주식투자를 한 사람이 있었다. 회사에서 권유를 했는지 어쨌는지 모르겠지만 자금의 절반으로 자사주를 샀다. 나머지는 직장 동료가 추천하는 종목 하나에 투자했다. 부하 직원이었던 직장 동료는 입사했을 때부터 주식투자를 하고 있었고 쉬는 시간이든 술자리에서든 주식 이야기를 했다. 전문가 수준의 언변을 보였던 그는 지금까지 정기적금의 이율보다 서너 배는 높은 수익을 냈다고 했다. 그는 늘 장기투자를 강조했다.

"형님, 우리 같은 개미들은 단타를 하면 안 돼요. 장은 묵어야 제 맛이라고, 사놓고 잊어버리고 있으면 수익이 나게 돼 있어요. 샀다 팔았다 해봐야 증권사만 좋고 수익도 안 난다니까요."

한 번도 주식투자를 해본 적 없지만 장기투자가 정답이라는 것

정도는 알고 있었다. 개미들의 가장 큰 문제가 단기투자라는 이 야기는 언론을 통해 충분히 들었던 터였다. 그래서인지 그가 하는 말은 신뢰가 갔다. 그가 언론과 다른 이야기를 했다면 만기가 다가오는 적금을 깨지 않았을 것이다.

결과적으로 그는 장기투자자가 되었다고 했다. 기간으로만 보면 거의 워런 버핏 수준이다. 워런 버핏은 "10년 이상 보유할 주식이 아니면 10분도 보유하지 말라"고 했는데, 그 역시 10년 넘게 그 때 샀던 종목을 보유하고 있다. 안타까운 것은 그가 비자발적 장기투자자라는 것이다. 그가 자신이 투자한 종목에 관심을 가진 것은 3년 남짓밖에 되지 않는다. 그 무렵 투자금은 이미 원금의 50% 수준까지 떨어져 있었다. '알뜰살뜰'이 경제 철학이었던 그에게 막대한 손실은 심리적으로 감당하기 어려운 것이었다. 이제와서 팔 수도 없고, 관심을 가지자니 스트레스가 너무 컸다.

2~3년 전에 한두 다리 건너서 들은 이야기라 지금은 어떻게 됐는지 알 수 없다. 이런 이야기는 한 개인에게는 절절한 사연이지만 주식시장에서는 진부한 에피소드다.

그가 투자한 종목을 알지 못하므로 주가가 어떻게 떨어졌는지는 모른다. 단기간에 급락했을 수도 있고 계단을 만들며 떨어졌을 수도 있다. 간간히 며칠씩 오르면서 희망을 주기도 했을 것이다. 처음에는 손실이 났어도 장기투자를 해야 하니까 참고, 좀 더 떨어졌을 때는 이제는 오르겠지 싶어서 참고, 설마 여기서 더 떨어질까 싶어 참고 있다가 심리적으로 감당할 수 없을 만큼의 손실을 입고 자포자기하지 않았을까 싶다.

　실천 여부를 떠나 모두들 장기투자가 정답이라고 한다. 나 역시 그렇게 말하곤 한다. 그런데 왜 장기투자를 해야 성공할 수 있는가? 그 전에 장기와 단기를 나누는 기준은 몇 년(혹은 몇 개월)인가?

　워런 버핏의 보유 기간은 기본 10년이다. 연간 회전율이 수백 %에 이르는 개인 투자자들은 농담처럼 '6개월이면 초장기'라고 이야기한다. 이렇게 보면 장기투자라는 말의 의미는 참 모호하다. 의미가 이렇게 모호하다면 장기투자는 성공 투자의 기준이 되지 못한다. 위의 사례처럼 누구나 장기투자라고 인정할 만한 기간 동안 보유했음에도 불구하고 손실이 나는 경우는 얼마든지 있다.

　장기투자는 성공 투자라는 결과의 원인이 아니라 그 과정에서 발생하는 현상일 뿐이다. 주식투자는 기업과 동행하고 소통하면서 성장의 과실을 공유하는 것이다. 기업이 성장하려면, 즉 기업의 가치가 투자한 시점보다 높아지려면 일정한 시간이 필요하다. 기업의 성장에도 계절처럼 주기가 있어서 여름처럼 외형이 쑥쑥 자라는 때도 있고, 가을처럼 열매가 익는 시기가 있고, 겨울처럼 내년 봄을 준비하는 시기가 있다. 다만 기업의 주기는 계절처럼 일정하지는 않다. 봄에서 끝나버리는 기업도 있고, 긴 기간 동안 여름인 기업도 있다. 적지 않은 기업이 겨울을 넘기지 못한다. 제조업을 예로 들어 그 과정을 간단하게 살펴보면 다음과 같다.

　'연구개발을 한다. 획기적인 상품을 출고한다. 매출이 크게 상승한다. 공장을 증설한다. 경쟁 제품이 쏟아진다. 초기에 비해 이

익률이 줄어든다. 새로운 제품을 위한 연구개발을 한다.'

이 같은 과정이 교과서처럼 전개되지 않고 업종에 따라, 개별 기업에 따라, 경기에 따라 달라지지만 기본적인 흐름은 이렇다. 이 흐름의 주기를 나는 4~5년으로 보고 투자를 한다. 물론 예상보다 길어질 때도 있고 줄어들 때도 있다. 그러니까 4~5년이라는 투자 기간은 장기투자가 아니라 '적정한 투자 기간'이다. 이 기간이 일반적인 투자 기간보다 길기에 편의상 장기투자라고 하는 것뿐이다.

여러분이 주식투자를 한다고 말할 수 있으려면 그냥 긴 시간을 보유하는 게 아니라 투자하는 기업의 성장주기를 예측하고 그에 따른 투자를 해야 한다. 기업이 예측한 주기에 따라 성장해간다면 목표가까지 보유하는 것이고 아니면 투자를 철회하는 것이다. 만약 주기를 보지 않는다면 보유 기간에 관계없이 투기에 가깝다.

●

절묘한 타이밍은 언제인가

'군이 봄에 투자해서 언제 올지도 모르는, 어쩌면 오지 않을지도 모르는 수확의 시기를 기다릴 필요가 있을까? 투기든 뭐든 주식투자를 하는 이유는 돈을 벌기 위해서다. 매의 눈으로 지켜보고 있다가 열매가 열리기 직전에 투자하면 되지 않을까? 수익을 남기고 매도한 이후에 그동안 지켜보고 있던 다른 종목을 산다면 1년에

여러 종목에 투자할 수 있고 수익률도 훨씬 높지 않을까?'

타당한 의문이다. 돈을 벌기 위해 투자한다고 할 때 주식을 매수하기에 가장 좋은 시점은 언제일까? 매출이 크게 상승하기 직전, 좀 더 정확히는 매출이 크게 상승할 것이라는 사실을 다른 투자자들이 알기 직전이다. 그런데 안타깝게도 나는 이 절묘한 시점을 그때그때 알아낼 방법을 모른다.

세상에는 차트만 보고도 그 시점을 알아낸다는 사람이 있고 재무제표만 보고도 알 수 있다는 사람도 있다. 그 비밀을 알려주겠다는, 정말 천사와 같은 마음을 가진 사람이 있다면 먼저 이런 의문을 가져보아야 한다. 어떤 기업의 매출이 폭발적으로 증가한다는 사실을 세상 모든 투자자가 알게 된다면 그 내용은 곧바로 주가에 반영될 것이다. 그럼 미래 가치까지 반영된 가격에 매수해야 한다. 적정하거나 고평가된 가격에 매수할 가능성이 높아지는 것이다. 따라서 그보다 조금 더 일찍 매수해야 한다.

누군가 자신만이 아는 차트의 신호를 알려준다고 하자. 그게 어제 내림굿을 받은 무당처럼 주가의 미래를 척척 알아맞힌다고 하자. 그러면 당연히 이 기법은 절대다수의 투자자들에게 알려질 것이다. 신호가 나타나기만 하면 너도나도 해당 종목을 매수하려고 할 것이다. 그러나 신호가 나타났기 때문에 매도 물량이 없다. 그러면 매수호가만 상한가에 기록되고 거래는 없는 놀라운 광경이 나타나야 하는데, 아직까지 이런 광경을 본 적이 없다. 이제 어떻게 해야 하는가? 이 신호를 미리 알아낼 기법이 필요하다. 그러나

머지않아 이 기법 역시 마찬가지의 과정을 거쳐 새로운 보조 기법을 필요로 하게 될 것이다. 애초에 과거의 주가와 거래량의 반영에 불과한 차트로 내일의 주가를 예측하는 건 불가능하다는 말이다.

그래서 워런 버핏도 전화통을 붙들고 살고 나도 발바닥에 불이 나게 뛰어다니는 것이다. 여러분이 주식시장에서 장기적으로 성공의 길을 걷고 있는 전업투자자를 일주일만 따라다닌다면 '월급쟁이가 더 낫겠구나'라고 생각할지도 모른다.

나는 주식투자를 농부가 농사짓는 것에 비유한다. 작물의 성장주기를 모르는 농부는 없다. 어제 심어 놓고 오늘 열매가 달리지 않는다고 뽑아버리는 농부는 없다. 과수원을 하는 농부는 '도시 촌놈'이 보기엔 다 똑같은 것 같은 나무들 중에서도 어느 나무의 사과가 유달리 단지 알고, 무성한 잎에 비해 열매는 적게 열리는 나무도 안다. 우리는 출근길에 우연히 길가에 핀 매화꽃을 보고 놀라지만 매실 농사를 짓는 농부는 꽃이 피기도 전에 올해는 작년보다 꽃이 덜 필 것임을 안다. 보리농사를 짓는 사람은 '올겨울에 눈이 많이 오는 걸 보니 보리농사가 풍년이겠구나' 한다.

현재 여러분이 보유하고 있는 자산은 여러분이 보유하기를 원하는 자산에 비해 턱없이 적다. 아마 60세까지 아끼고 아껴 저축해도 그 돈은 만져보지 못할 것이다. 그래서 주식투자를 하려는 것일 테고, 하는 것이 맞다. 그러나 사냥하듯이 해서는 안 된다. 호랑이도 잡고 곰도 잡고 맘모스와 공룡까지 잡아 한밑천 잡은 다음에 농부처럼 투자하겠다는 마음도 있을 것이다. 그러나 예로부터 '만

석꾼 농부는 있어도 천석꾼 사냥꾼은 없다'고 했다. 인류가 수렵과 채집을 때려치우고 농경생활을 한 데는 다 그만한 이유가 있다.

기업이라는 나무의 미래를 알고 싶다면 농사짓듯이 하면 된다. 1~2년 지켜보면 3~4년 후에 어떤 열매가 얼마만큼 열릴지 안다. 내가 1~2년 지켜보고 확신이 서면 과감하게 베팅한 후 2~3년을 기다릴 수 있는 이유다.

오래 보유하고 있어서 장기투자인 것이 아니다. 인내심만으로는 기다릴 수 없다. 내년에 매화가 필지 안 필지 모르는 어리석은 농부는 마치 어리석은 투자자처럼 가지를 꺾어 그 안에 꽃이 있는지, 없는지 확인할 것이다. 가지 안에는 꽃이 없다. 황금알을 낳는 거위의 뱃속에는 황금알이 없다. 잠깐 봐서는 매화나무인지 잡목인지 모르고, 황금알을 낳는 거위인지 때가 되면 날아가버릴 철새인지 모른다. 그래서 1~2년의 시간이 필요하다. 지켜보면 때를 알게 되고 때를 알면 기다릴 수 있는 것이다.

언제, 어떻게 매도할 것인가

나는 여러분이 정보매매, 뇌동매매를 하지 않을 것이라고 믿는다. 실패할 수밖에 없는 방식임을 충분히 이해했을 것이라고 생각한다. 또한 부족하나마 기업을 선택하는 기준에 대한 이야기도 했고, 투자한 이후에도 관찰하고 소통해야 한다는 점도 말씀드렸다. 이제 매도가 남았다.

여러분이 투자한 어떤 기업의 주가가 최근 2~3개월 사이에 50% 상승했다고 하자. 더 기다릴 것인가, 아니면 매도할 것인가. 매도하자니 이후에 더 오를 것이 걱정된다. 더 기다리자니 하락할까 봐 걱정된다. 이런 걱정들이 현실로 나타날 확률은 언제나 50%다.

'단기간에 급상승했으니 조정기를 거칠 것이다. 그러니 지금 매

도한 다음 조정을 받을 때 다시 매수하자.'

스스로는 기막힌 전략이라고 감탄할지 몰라도 누구나 하는 생각이다. 그런데 그러기가 쉽지 않다. 우선은 최초에 매수한 가격보다 50% 상승했기 때문에 어느 정도 하락해도 비싸게 느껴진다. 싸게 느껴질 만큼 하락한다면? 그때는 과감하게 매수할 수 있을까? 이제는 더 떨어질까 봐 불안해서 매수하지 못한다.

일부는 매도하고 일부는 보유하는 방법도 있다. 안전한 방법이라고 생각할 것이다. 매도한 뒤에 주가가 더 올라도 남겨둔 물량이 있으니 좋고, 하락하면 고점에서 일부 매도했으니 억울하지 않다. 그러나 이 방법 역시 투자라기보다는 확률 게임이다. 더 오르면 남겨둔 물량을 매도할 것인가? 하락하면 또 남겨둔 물량은 어떻게 할 것인가? 매도한 직후에 쭉 상승하면 그때는 또 어떤 감정에 사로잡힐 것인가?

주가에 따라 갈팡질팡하게 되는 근본 원인은 투자를 매매 게임으로 보는 데 있다. 흔히 '주식은 쌀 때 사서 비쌀 때 파는 것'이라고 한다. 정말 명쾌한 듯 보이지만 사실 말장난에 불과하다. '싸다'와 '비싸다'의 기준을 제시하지 않고 있기 때문이다.

2001년에 나는 고려개발에 투자하고 있었다. 3월에 3000원대부터 매수하기 시작했는데 6월 말에 7000원대 중반까지 갔다. 100%가 넘는 수익률이다. 3000원대였던 주식이 7000원대까지 올랐으니 3개월 만에 대단히 비싸진 것일까? 만약 여러분이었다면 어떻게 했을지 생각해보시라. 그리고 지금부터 내가 변화된 주가를 알려줄 때마다 이 가격이 비싼지 싼지 판단해보시라.

고려개발의 주가는 이후 4900원까지 내려앉았다. 3000원보다는 비싸고 7000원보다는 싸다. 주가는 다시 7000원대 중반까지 재상승했다. 그리고 9.11 테러가 터지면서 다시 4900원대로 떨어졌다. 그 이전에도 지속적으로 매수했지만 이때는 자금 사정이 허락하는 대로 매수를 했다. 2002년 초 주가는 8350원을 찍었다. 그리고 2003년 봄에는 4000원대 중반까지 떨어졌다. 2004년 1만 2000원 ~1만 5000원대에 매도했다. 평균 매수단가는 5000원이었다.

나는 고려개발의 주식을 '비쌀 때' 매도한 것일까? 많게는 300%까지 수익을 냈으니 비쌀 때 매도한 게 맞는 것 같다. 그런데 고려개발은 내가 매도한 후 1년쯤 지났을 때 최고 4만 2400원까지 올랐다. 그러면 나는 '쌀 때' 매도한 것일까?

여러분은 등락을 거듭했던 고려개발의 주가가 싼지, 비싼지 판단할 수 없다. 너무 당연한 이야기다. 여러분은 당시 고려개발이라는 기업의 가치를 모르기 때문이다. 당시 내가 판단했던 고려개발의 적정 주가는 2만 원이었다. 여기까지가 고려개발에 대한 내 농사 계획이었는데, 유상증자를 하는 바람에 조금 일찍 매도했다. 고려개발보다 더 좋아 보이는 KCC건설을 발견했기 때문이기도 했다. KCC건설을 발견하지 못했다면 보유 기간을 더 길게 잡았을 것이다.

●

주가의 등락은 매매의 기준이 아니다

실패하는 투자 유형 중 '짧게 먹고 길게 손실 보는 유형'이 많다고 한다. 몇 % 오르면 기분이 좋아서, 얼른 현금으로 만들고 싶어서, 다시 떨어질까 봐 불안해서 매도한다. 손실이 나면 팔지 못하고 길게 가지고 있다가 본전 근처에 오면 '그나마 다행'이라면서 팔아버린다. 놀랍도록 긴 기간 동안 막대한 손실을 보면서 보유하기도 한다. 이런 행태를 반복하는 사람들은 기업의 가치를 생각하지 않는다. 오로지 막연하게, 아무 기준도 없이 '10% 오르거나 내리면 판다'라는 생각으로 매수하기에 조금이라도 오르면 재빨리 팔고 떨어지면 아까워서 팔지 못한다.

나는 1~2년을 지켜본 뒤에 그 기업의 적정 주가를 판단한다. 그리고 목표 주가에 도달했을 때 매도하는데, 기업의 전망이 긍정적이면 더 보유하기도 한다. 상승하는 주가는 기준이 아니다. 많은 투자자들이 목표가를 임의로 정하고 수시로 변경한다. 기업의 가치는 보지 않고 '나의 목표 수익률이 얼마니까 그때가 되면 매도한다'라는 기상천외한 기준을 적용하려고 한다. 그래도 확률은 반반이다. 목표가에 도달하거나 도달하지 않거나. 어느 경우든 도박을 하고 있다는 사실에는 변함이 없다. 다시 말씀드리지만 주가의 등락은 매매의 기준이 아니다. 기업의 가치가 기준이 되어야 한다.

여러분이 최선을 다해 농심투자를 하려고 해도 자주 흔들릴 수밖에 없을 것이다. 기업의 가치보다 훨씬 낮은 가격으로 거래가 되고 있다고 판단해서 매수했는데 하락 폭이 예측 범위를 벗어나면 불안해진다. 목표가에 도달했을 때는 주가에 따라 기업의 가치를 판단하고 싶은 유혹을 받을 것이다. 자신의 판단을 무시하고 다른 사람에게 판단의 권한을 넘겨주고 싶은 마음이다.

마음을 완벽하게 통제할 수는 없다. '나는 아니다'라며 자만하지 말고 '나는 어떻게, 얼마나 많이 흔들릴까?'라고 생각해야 한다는 이야기도 했다. 탐욕과 공포라는 감정이 일어나는 것 자체는 막을 수 없다. 우리가 할 수 있는 일은 그런 감정이 생겼음을 알아차리고 올바른 대응을 하는 길밖에 없다. 그리고 올바른 대응의 기준은 늘 기업 그 자체에 있음을 잊어서는 안 된다.

투자 수익은 원칙 실행의 결과다

여러분은 여러분이 투자한 기업의 주가가 10% 하락하면 어떻게 하겠는가?

아는 사람은 다 아는, '물타기'라는 환상적인 투자 기법을 소개하겠다. 손실 금액은 똑같지만 덜 손해 본 것 같은 느낌을 주는 기법이다. 심지어 마음의 안정까지 가져다준다. 10%가 상승해야 겨우 본전이었는데, 물타기를 하면 7%만 상승해도 본전이다. 그렇게 수차례 물타기를 해서 평균 매수단가를 낮춘다. 거기에서 더 떨어지면 더 이상 물을 타기도 겁난다. 매일 주가를 보면서 기대와 좌절을 반복하다 보면 정신은 지칠 대로 지친다.

'더 이상 손해 보지 말고 이 종목에서 손해 본 걸 다른 종목에서 만회하자.'

손실이 클 때는 될 대로 되라는 심정이 되기도 한다. 그 종목을 내버려두고 주식시장에서 완전히 관심을 끊으면 모를까, 그렇지 않으면 컨디션이 좋지 않은 어느 날 충동적으로 매도 주문을 낸다. 주식시장을 떠나거나 그 손실을 재빨리 만회해줄 종목을 찾거나. '주식' 그 자체에 투자하는 사람들의 유형이다.

나는 탐색을 위한 매수 이후에 주가가 오르는 것을 반가워하지 않는다. 1~2년 지켜보는 사이에 상승해버리면 좋은 기업의 주인이 될 기회를 놓칠 수밖에 없다. 본격적인 투자를 하기 전이므로 원하는 투자 액수에 훨씬 못 미친다.

좋은 기업이라는 확신이 선 시점에 돈이 없으면 속상하다. 나는 쌓아두고 있는 현금이 없다. 보유 자산은 100% 투자되어 있다. 1~2년 지켜본 기업이 좋다는 확신이 드는 때에 마침 전에 투자한 기업의 가치를 시장이 인정해주어서 자금이 생기면 참 기분이 좋다. 이렇게 딱딱 맞아떨어지는 경우가 많지는 않다.

본격적으로 투자하기 전에 주가가 하락하면 반갑다. 물론 확신이 생기기 전이면 하락했다고 해서 급하게 매수하지는 않는다. 좋은 기업의 주식을 저가에 매수할 수 있는 기회가 열려 있으니 기분 좋은 일이다. 원하는 만큼 투자한 뒤에 드디어 때가 되어서, 그 기업에 대한 내 의견에 동의해주는 사람들이 많아져서 주가가 상승하면 기분이 좋다.

때가 되기도 전에 엉뚱한 일, 예를 들면 정치 테마주에 얽힌다거나 해서 주가가 상승하는 것도 달갑지 않다. 기업의 본질과 관계

없는 일로 한바탕 홍역을 치르고 나면 때가 되어도 쉽사리 제 가치를 인정받지 못하는 사례가 많다.

주가 창으로만 볼 때 물타기하는 매수와 반가워하는 나의 매수는 조금도 다르지 않다. 그런데 한 쪽은 불안해하고 또 다른 한 쪽은 흡족해한다. 정반대의 마음 상태에 있는 것이다. 나는 그 원인이 '원칙'의 실행 여부에 있다고 생각한다. 기업은 보지 않고 주가만 보고 있으면 숫자로 표시되는 디지털 신호에 돈을 거는 것과 같다. 불안하지 않을 이유가 없다. 그러나 기업에 투자했다면 기업에 문제가 생기지 않는 한 주가 등락에 일희일비할 이유가 없다.

여러분이 기업의 가치를 확신한 상태에서 투자를 했다면 주가 하락에 이렇게 반응할 것이다.

'좋아. 제발 이번 달 월급 나올 때까지 이 상태로 있어라. 조금 더 하락해주면 더 고맙고.'

기업의 가치를 보고 투자를 하면 IMF 사태, 9.11 테러, 미국발 세계 금융위기, 유럽 재정위기, 중국의 성장 둔화 등 전 지구적인 위기 앞에서도 담대할 수 있다. 장기적인 불경기가 예상되더라도 불안해할 필요가 없다. 불경기면 불경기인 대로 사람들에게 유익한 삶의 터전을 제공해주는 기업이 있으니까 말이다.

주식시장에는 정말로 많은 비기들이 존재한다. 그 기법들의 이름은 어찌나 달콤한지 귀에서 녹고 입에서 한 번 더 녹는다. 새롭기는 또 얼마나 새로운지, 누구라도 관심을 가질 만큼 매력적이다. 그래서 덥석 잡는 사람들도 그만큼 많다. 반면 원칙은 좀 다 좋은 기업, 사업가 정신, 시간은 성공적인 주식투자의 3대 요건이다.
좋은 기업을 발굴하여 주가에 반영되지 않은
기업의 가치를 읽어내는 안목을 갖추고,
동업자의 마음으로 잠재 가치를 가진 기업과 소통하며,
성장에 필요한 시간을 기다려주는 인내심을 기른다면
성공 투자는 여러분의 것이다.

르다. 뻔하고 지루한 '말씀'들이 대부분이다. 내가 여러분에게 제 안하는 주식투자의 원칙도 지루하다.

"농부처럼 투자하라. 주식에 투자하지 말고 기업에 투자하라. 대리 경영을 통한 사업이라고 생각하라."

최신의 냄새도 나지 않고 달콤하게 녹는 맛도 없다. 가끔 생각 한다. '농심투자' 대신 좀 더 그럴싸한 이름을 붙였다면 어땠을까. 영어도 좀 섞어 넣고 해서 뭔지 모르게 최첨단 이론의 냄새가 나도 록 했다면 어땠을까. 그랬다면 지금 알려진 것보다 더 많이 알려 지고 이 방식으로 투자하는 사람들이 더 늘어났을까. 작명에 대한 노하우도 없고 되돌리기엔 이미 늦었다.

어떤 분야에서건 우리가 원칙이라고 부르는 명제들은, 말은 참 멋진데 실행하기엔 힘들고 지루하다. 다른 사람이 원칙을 지키면 아낌없는 박수를 보내지만 누군가가 자신에게 왜 원칙대로 하지 않느냐고 하면 '아는데, 세상은 꼭 그렇게만 돌아가는 게 아니다'

라고 말한다. 이렇게 말하는 사람들은 현실 운운하면서 원칙을 버린다. 그러나 시간이 지나고 나서 보면 원칙을 버렸던 사람들은 결국 비기로부터 버림받는다.

　좋은 기업, 사업가 정신, 시간은 성공적인 주식투자의 3대 요건이다. 좋은 기업을 발굴하여 주가에 반영되지 않은 기업의 가치를 읽어내는 안목을 갖추고, 동업자의 마음으로 잠재 가치를 가진 기업과 소통하며, 성장에 필요한 시간을 기다려주는 인내심을 기른다면 성공 투자는 여러분의 것이다. 부디, 긴 안목으로 큰 그림을 그리는 멋진 투자자가 되시라. 조바심을 내지 않아도 된다. 재촉하지 않아도 봄이 되면 꽃은 핀다.

투자한 뒤에는
방관자의 입장이 된다

투자한 뒤에도
관찰하고 소통한다

투자를 한 뒤, 처음 판단했던 것보다 더 크게 성장할 가능성이 있다면 투자금을 늘릴 수 있다. 반대로 판단이 잘못되었다면, 혹은 경영자가 경영을 제대로 하지 못한다면 투자를 철회할 수 있다. 당연한 이야기다. 투자금을 늘리거나 철회하겠다는 판단은 투자한 시점이 아니라 현재를 기준으로 삼아야 한다. 그리고 기업의 현재를 알려면, 현재를 통해 미래를 예측하려면 투자한 이후에도 기업을 주의 깊게 살펴야 한다. 그러나 투자 행위가 '낙장불입'인 것처럼 행동하는 사람들이 많다. 투자한 뒤에는 방관자의 입장이 되어서 주가만 바라보는 것이다.

나는 1~2년 동안 기업을 관찰하면서 단계적으로 매수를 한다. 관찰의 결과 확신을 주는 기업이면 본격적으로 투자를 하고 2~3년을 기다린다. 특별한 경우에는 짧은 기간 내에 매수를 마무리하기도 한다. 해당 업종에 대한 공부가 이미 끝난 상태이고 투자하려는 기업에 대해 이전부터 일정하게 관심을 가지고 있었던 경우다. 가장 짧은 매수 기간은 6개월 정도였던 것 같다.

이때부터 진짜 투자가 시작된다. 기업의 가치에 대한 확신이 생겨서 투자했으니 이제 주가가 오르기만 기다리면 된다는 태도로는 성공적인 투자를 할 수 없다. 기업이 내가 확신한 가치를 실현해 나가는지 예의 주시해야 한다. 해당 기업의 뉴스나 공시를 보는 것만으로는 부족하다. 주식 담당자와 통화하고 주주총회에 나가고 현장 방문도 한다. 업종에 대한 공부도 지속한다. 투자는 믿고 맡겨두는 것이 아니다. 믿어주되 그 믿음을 실행해 나가는지 의심하고 확인하는 과정이 투자다.

66

66

위기를 두려워한다　**VS**　**위기를 기회로 본다**

99

99

경제의 역사를 보면 위기는 주기적으로 나타난다. 미래 어느 시점에 위기가 올지는 알 수 없지만 언젠가 올 것이라는 점은 부정할 수 없다. 유럽 재정위기, 미국발 세계 금융위기 등 세계적인 규모의 악재가 발생하면 주가는 급락한다. 그렇다면 현금을 보유하고 있다가 위기가 지나갈 즈음에 투자하는 것이 맞지 않을까.

이렇게 생각하고 있는 사람이 과연 투자를 할 수나 있을지 의문이다. 위기를 극복했다는 사실은 지나간 다음에야 알 수 있다. 코스피 지수가 1000포인트 떨어지면 그때가 바닥이라고 할 수 있을까? 거기서 1500포인트까지 회복되었다면 위기를 극복했다고 말할 수 있을까? 일시적인 반등을 거쳐 다시 추락할 수도 있다.

투자자들이 정말 두려워해야 할 위기는 기업 그 자체의 위기밖에 없다. 경제위기는 주기적으로 나타났지만 그때마다 다시 회복되었다. 경제의 역사를 큰 흐름으로 보면 지금도 성장하고 있다. 문제는 여러분이 투자한 기업이 이 위기를 극복할 만큼 튼튼한가 하는 것이다. 위기가 오면 경쟁 기업들 중 부실한 기업은 사라진다. 반면에 위기를 잘 넘긴 기업은 경기가 회복되면서 크게 성장한다.

우리는 주가에 투자하는 것이 아니라 개별 기업에 투자한다. 호황기에도 부도가 나는 기업이 있고, 불황기가 와도 큰 위험을 겪지 않고 잘 대처해 나가는 기업이 있다. 개별 기업의 위기가 아니라 기업 외적인 악재로 인해 주가가 하락한다면 오히려 좋은 기업을 싸게 살 수 있는 기회가 된다. 위기는 늘 온다는 사실도 알아야 하지만, 위기는 늘 극복되어 왔다는 점도 잊어서는 안 된다.

위기가 극복될 때까지 기다리려면 반드시 여윳돈으로 투자해야 한다. 몇 개월 후에 갚아야 할 돈이면 기업이 위기를 극복하고 성장할 때까지 기다릴 수 없다. 몇 개월 후에 써야 할 돈으로 투자를 하려 하면 저평가된 기업을 찾을 여유도 없다. 위기를 인내할 여유도 없고 생활 속의 기회도 눈에 보이지 않는다. 무엇보다 쫓기는 마음이 생겨 올바른 판단을 내릴 수 없다.

공포와 탐욕에
휘청거린다

농사 계획에 따라
담대하게 투자한다

주가가 급락하면 공포감에 휩싸여 매도한다. 또는 본전 생각에 아쉬워서 이익이 난 종목을 매도해 물타기한다. 단기간에 해결될 수 있는 악재인데도, 혹은 악재라는 기사만 나와도 불안해서 바로 매도한다. 주가가 상승해 목표가에 도달해도 왠지 더 오를 것만 같아 매도하지 않는다. 또는 계속 오를 것이라고 생각해서 추격 매수를 한다. 호재인지 악재인지 제대로 판단하지도 않고 주가가 오르면 일단 호재라고 생각해 무모하게 매수한다.

농사도 계획에 따라 지어야 하듯이 투자 역시 계획에 따라야 한다. 투자를 할 때는 그 기업의 성장 시나리오를 만든다. 기업이 그 시나리오대로 성장하면 투자를 지속하고, 그렇지 않으면 미련 없이 매도하고 나온다. 예상한 시나리오와 기업의 성장이 딱딱 맞아떨어지지는 않는다. 큰 틀에서의 흐름이 중요하다.

그리고 그 시나리오가 완성되면 독자적 판단에 따라 매도한다. 꼭지에서 팔겠다는 생각은 하지 않는다. 내가 주인이었던 기업에 새로운 주인이 된 사람들이 손실을 보는 것은 즐거운 일이 아니다. 투자를 지속할 때는 주가의 흐름이 아니라 기업의 가치를 보고 판단한다.

자본시장이
서민의 희망이다

움직일 수 없는 몇 가지 사실이 있다.

인간의 수명이 늘고 있다.
직장 수명은 짧아지고 있다.
어지간히 잘 벌지 않는 한 월급만으로는
풍요로운 노후를 기대할수 없다.
최소한 향후 몇 세대까지는 기업이 존재할 것이다.
기술의 발전 속도는 더욱 빨라지고 있고
그럴수록 기업의 수익성은 좋아진다.

늘어난 수명이 축복이 되려면 몇 가지 조건이 갖춰져야 한다.

우선은 건강이다. 나이를 먹을수록 기운은 달리겠지만 자기 발로 걸어서 꽃구경을 갈 수 있어야 한다. 둘째는 돈이다. 몇 년에 한 번씩은 편안한 해외여행을 다녀와도 부담스럽지 않을 정도가 되어야 한다. 혹은 자식들에게 기대지 않고 손자손녀에게 과감하게 용돈을 찔러주는 멋있는 할머니, 할아버지가 될 수 있는 정도여야 한다. 세 번째는 친구다. 서로의 젊은 시절을 기억해주는 수십 년 지기 친구 서넛이 있다면 그 또한 즐겁다.

하지만 친구가 있어도 건강과 돈이 받쳐주지 않으면 자주 만나기 어렵다. 좀 서글프지만 돈이 없으면 건강을 챙기기도 어렵다. 그래서 돈은 노후 준비의 기본 조건이자 수단이다. 직장인으로서의 수명은 계속 짧아지는데 월급만으론 풍요로운 노후를 기대할 수 없다면 어디에서 대안을 찾을 것인가. 그 해답이 자본시장에 있다.

'자본시장이 서민의 희망이다'라는 말은 여러분에게 낯설 것이다. 많은 사람들이 자본시장에 대해서 생각해본 적도 없거나 자신과는 관계없는 것으로 여긴다. '자본'이라는 이름을 붙이려면 적어도 수조 원은 되어야 할 것 같고 세계적인 금융 거물들의 사무실에서나 하는 이야기 같다. 이렇게 어마어마한 자본시장이 만 원짜리 한 장에도 갈등하는 '서민의 희망'이라니, 번지르르한 언어유희쯤으로 생각될 법도 하다. 이런 착각들이 우리나라의 많은 국민들을 경제 성장에서 소외시켜 왔는지도 모르겠다.

우리는 자본주의 사회에 살고 있다. 어렵게 생각할 것도, 거창하게 생각할 것도 없다. 경제학을 공부해야 하는 것도 아니다. 단순하게 보면 된다. 우리가 먹고 마시고 일하고 잠자는 모든 생활이 기업의 생산 활동을 가능하게 한다. 기업은 우리에게 삶의 터전을 제공하고 일자리를 만들어준다. 기업은 자본주의의 근간이고 자본은 기업의 근간이다. 거칠게 줄이면 우리가 먹고 마시고 일하고 잠자는 모든 생활이 자본주의의 근간이다. 그러므로 여러분의 '경제적인 희망' 역시 자본이라는 근간에서 찾아야 한다.

이상이 주식투자를 해야 하는 이유다. 주식투자를 하는 것보다 하지 않는 것이 더 위험하다고 말하는 이유이기도 하다. 그러므로 축복 같은 노후를 위한 조건에 한 가지를 더해야 한다. 동행하면서 성과를 공유할 기업 5개가 그것이다.

액수는 각자 다르겠지만 여러분에게는 자본이 있다. 이 자본을 투자함으로써 기업의 근간을 제공하고 성장에 따른 보상도 받을 수 있다. 우리에게 유익한 터전을 제공해주는 기업이 성장할 수 있으므로 '어떤 기업에 여러분의 자본을 제공할 것인가?'에 대한 해답도 여러분의 생활 속에 있다.

'노후'라고 하니까 너무 멀게 느껴지고 절박함이 덜할지도 모르겠다. 그러나 나는 노후를 준비하는 마음으로 투자를 시작했으면 한다. 기업에 대한 투자는 월요일에 사고 토요일에 결과를 얻는 로또가 아니다. 여윳돈으로 여유 있게 기업의 성장을 기다려주어야 한다. 노후를 준비하는 마음이라면 주가가 하락해도 '어차피 노후에 필요한 자금이고 기업에 문제가 생긴 것도 아니니까 얼마든지 기다릴 수 있다. 여유가 되는 대로 더 사주겠다'라는 태도를 가질 수 있으리라 생각한다.

서문에서 했던 말을 반복하면서 이 책을 마무리할까 한다.

"돈 생각을 하지 않으면 평생 돈 걱정에서 벗어나지 못한다. 나는 여러분이 돈 걱정에서 벗어나 돈 생각을 하길 바란다. 그리고 돈으로부터 자유를 얻길 바란다."

돈, 일하게 하라

초판 1쇄 발행 2015년 10월 1일
초판 9쇄 발행 2024년 2월 1일

지은이　　박영옥
펴낸이　　김남길
펴낸곳　　프레너미
등록번호　　제387-251002015000054호
등록일자　　2015년 6월 22일
주소　　경기도 부천시 소향로 181, 101동 704호
전화　　070-8817-5359
팩스　　02-6919-1444

프레너미는 친구를 뜻하는 "프렌드(friend)"와 적(敵)을 의미하는 "에너미(enemy)"를 결합해 만든 말입니다.
급변하는 세상속에서 저자, 출판사 그리고 콘텐츠를 만들고 소비하는 모든 주체가 서로 협업하고 공유하고 경쟁해야 한다는
뜻을 가지고 있습니다.
프레너미는 독자를 위한 책, 독자가 원하는 책, 독자가 읽으면 유익한 책을 만듭니다.
프레너미는 독자 여러분의 책에 관한 제안, 의견, 원고를 소중히 생각합니다.
다양한 제안이나 원고를 책으로 엮기 원하시는 분은 frenemy01@naver.com으로 보내주세요.
원고가 책으로 엮이고 독자에게 알려져 빛날 수 있게 되기를 희망합니다.